U0125091

晚清之栋

张之洞传

许烟华 ◎ 编著

"一带一路"列国人物传系　总主编 ◎ 王丽

中国出版集团有限公司
华文出版社

图书在版编目（ＣＩＰ）数据

晚清之栋：张之洞传 / 许烟华编著. —— 北京：华文出版社，2023.9

（"一带一路"列国人物传系）

ISBN 978-7-5075-5858-6

Ⅰ．①晚… Ⅱ．①许… Ⅲ．①张之洞（1837-1909）-传记 Ⅳ．①K827＝52

中国国家版本馆CIP数据核字（2023）第177031号

晚清之栋：张之洞传

编　　著：许烟华
责任编辑：修文龙
出版发行：华文出版社
社　　址：北京市西城区广安门外大街 305 号 8 区 2 号楼
邮政编码：100055
电　　话：总 编 室 010-58336239
　　　　　发 行 部 010-58336267/58336253
　　　　　责任编辑 010-63426125
经　　销：新华书店
印　　刷：北京盛通印刷股份有限公司
开　　本：880×1230　1/32
印　　张：9
字　　数：145 千字
版　　次：2023 年 9 月第 1 版
印　　次：2023 年 9 月第 1 次印刷
标准书号：ISBN 978-7-5075-5858-6
定　　价：42.00 元

"'一带一路'列国人物传系"编辑委员会

总　序

群星闪耀"一带一路"

"2100 多年前，中国汉代的张骞肩负和平友好使命，两次出使中亚，开启了中国同中亚各国友好交往的大门，开辟出一条横贯东西、连接欧亚的丝绸之路。"① 2013 年 9 月 7 日，中国国家主席习近平在哈萨克斯坦纳扎尔巴耶夫大学发表演讲，以博古通今的睿智对大学生们娓娓道来丝绸之路古老而年轻的故事。

"我的家乡陕西，就位于古丝绸之路的起点。站在这里，回首历史，我仿佛听到了山间回荡的声声驼铃，看到了大漠飘飞的袅袅孤烟。这一切，让我感到十分亲切。哈萨克斯坦这片土地，是古丝绸之路经过的地方，曾经为沟通东西方文明，促进不同民族、不同文化相互交流和合作作出过重要贡献。东西方使节、商队、游客、学者、工匠川流不息，沿途各国互通有无、互学互

---

① 《习近平谈治国理政》，外文出版社，2014 年 10 月第 1 版，第 287 页。

1

鉴，共同推动了人类文明进步。"不同种族、不同信仰、不同文化背景的国家完全可以共享和平、共同发展。这是古丝绸之路留给我们的宝贵启示。""为了使我们欧亚各国经济联系更加紧密、相互合作更加深入、发展空间更加广阔，我们可以用创新的合作模式，共同建设'丝绸之路经济带'。"① 推己及人，高瞻远瞩，引领时代，习主席在阿斯塔纳 ② 通过哈萨克斯坦人民，首次向世界发出了让古老的丝路精神再次焕发青春和光彩的时代宣言。

2013 年 10 月 3 日，习主席在印度尼西亚国会发表了题为《共同建设二十一世纪"海上丝绸之路"》的演讲："东南亚地区自古以来就是'海上丝绸之路'的重要枢纽，中国愿同东盟国家加强海上合作，使用好中国政府设立的中国—东盟海上合作基金，发展好海洋合作伙伴关系，共同建设 21 世纪'海上丝绸之路'"，"发挥各自优势，实现多元共生、包容共进，共同造福于本地区人民和世界各国人民"。③ 这个倡议和 9 月 7 日的演讲异曲同工、遥相呼应、互为映衬，完整地提出了"丝绸之路经济带"和"21 世纪海上丝绸之路"的宏伟构想。

从广袤的亚欧腹地哈萨克斯坦到风光旖旎的印度尼西亚，习主席提出的"丝绸之路经济带"和"21 世纪

---

① 《习近平谈治国理政》，外文出版社，2014 年 10 月第 1 版，第 287 页。
② 哈萨克斯坦新首都名称。
③ 同①，第 293–295 页。

海上丝绸之路"吸引了世界各国的目光。从 2013 年 9 月至 2016 年 8 月，习近平出访 37 个国家（亚洲 18 国、欧洲 9 国、非洲 3 国、拉美 4 国、大洋洲 3 国），对"一带一路"倡议的总体框架和基本内涵做了充分阐述。和平合作、开放包容、互鉴互学、互利共赢的丝路精神，共商、共建、共享的合作理念，驱散了"去全球化"的阴霾，为增长低迷的世界经济注入新的动能。各国纷纷将本国经济发展与中国政府制定的《推动共建丝绸之路经济带和 21 世纪海上丝绸之路的愿景与行动》规划相衔接。"一带一路"倡导的政策沟通、设施联通、贸易畅通、资金融通、民心相通等"五通"，正在以基础设施、经贸合作、产业投资、能源资源、金融支撑、人文交流、生态环保、海洋合作等为载体和依托，在全球掀起了投资兴业、互联互通、技术创新、产能合作的新势头。2016 年中国牵头成立有 57 个成员国加入的亚洲基础设施投资银行（AIIB），2017 年 3 月 23 日迎来 13 个新伙伴。孟加拉配电系统升级扩容项目、印尼全国棚户区改造项目、巴基斯坦国家高速公路项目和塔吉克斯坦杜尚别至乌兹别克斯坦道路改造项目已经获得亚投行金融支持，共商共建成为现实。

"一带一路"倡议得到国际社会的热烈响应。2016 年 11 月 17 日，第 71 届联合国大会 193 个成员一致赞同，通过了第 A/71/9 号决议，欢迎"一带一路"倡议，敦促各国通过参与"一带一路"，呼吁国际社会为开展"一带一路"建设提供安全保障环境。2017年3月17日，联合国安理会全票赞成，一致通过第2344号决议，呼吁国际社会凝聚援助阿富汗共识，通过"一带一路"建设等加强区域经济合作，敦促各方为"一带一路"建设提供安全保障环境。

2017年1月，习近平主席在联合国日内瓦总部发表题为《共同构建人类命运共同体》的重要演讲，全面深入系统阐述人类命运共同体重大理念，在国际上引起热烈反响，受到各方普遍欢迎和高度评价。3月23日，联合国人权理事会第34次会议通过关于"经济、社会、文化权利"和"粮食权"两个决议，决议明确表示要通过"一带一路"建设"构建人类命运共同体"。这是人类命运共同体重大理念首次载入人权理事会决议，标志着这一理念成为国际人权话语体系的重要组成部分。2017年5月，北京喜迎来自"一带一路"相关国家的元首、政府首脑、前政要，以及国际组织负责人，还有专家学者和知名企业家等各界代表上千人，出席"'一带一路'国际合作高峰论坛"，共商沿线各国之合作共赢大计。

"一带一路"不是中国的独角戏，是与亚、欧、非洲及世界各国共同奏响的交响乐。中国恪守联合国宪章的宗旨和原则，坚持开放合作、和谐包容、政策沟通，培育政治互信，建立合作共识，协调发展战略、促进贸易便利化及多边合作体制机制。中国携手 100 多个国家和地区，依托国际大通道，以陆上沿线中心城市为支撑，以重点经贸产业园区为合作平台，共同打造新亚欧大陆桥、中蒙俄、中国－中亚－西亚、中巴、孟中印缅、中国－中南半岛等国际经济合作走廊进展顺利，中欧班列在贸易畅通上动力强劲，风景亮丽；以海上重点港口为节点，共同建设通畅安全高效的运输通道，实现陆海路径的紧密关联和合作，太平洋、印度洋、大西洋上巨轮往来频繁，不亦乐乎。亚太经合组织、亚欧会议、大湄公河次区域合作等有关决议或文件，都体现了"一带一路"建设内容。丝路基金、开发性金融、供应链金融汇聚全球财富，建设绿色、健康、智慧与和平的丝绸之路，增进各国民众福祉。

"一带一路"是人类历史上从未有过的恢弘蓝图，也是横跨亚非欧连接世界各国的暖心红线。"丝绸之路经济带"包括中国经中亚、俄罗斯至欧洲（波罗的海），中国经中亚、西亚至波斯湾、地中海，中国至东南亚、南亚、印度洋；"21 世纪海上丝绸之路"包括从中国沿海港口过南海到印度洋再延伸至欧洲和到南太平洋。一路驼铃声声、舟楫相望，互通有无、友好交往。

在新的时代，在创新古老丝路精神的伟大进程中，习主席专门缅怀丝路开拓者，特意致敬古丝路精神奠基人："我们的祖先在大漠戈壁上'驰命走驿，不绝于时月'，在汪洋大海中'云帆高张，昼夜星驰'，走在了古代世界各民族友好交往的前列。甘英、郑和、伊本·白图泰是我们熟悉的中阿交流友好使者。丝绸之路把中国的造纸术、火药、印刷术、指南针经阿拉伯地区传播到欧洲，又把阿拉伯的天文、历法、医药介绍到中国，在文明交流互鉴史上写下了重要篇章。千百年来，丝绸之路承载的和平合作、开放包容、互学互鉴、互利共赢精神薪火相传。"[①] 这种吃水不忘挖井人的情怀，再次展现了中华民族不忘历史、纪念先贤、展望未来的优秀文化基因，也为中国传记文学学会参加"一带一路"建设指明了方向和道路。

在古老的丝绸之路上，我们不曾相忘：张骞出使西域到过的哈萨克斯坦，山高水长的好邻居巴基斯坦，双头鹰下横跨欧亚之国俄罗斯，草原之国蒙古，喜马拉雅浮世天堂尼泊尔，菩提恒河保佑之国印度，文化瑰宝伊朗，首创法典之国伊拉克，红海门户之国也门，石油王国沙特阿拉伯，波斯湾明珠巴林，雪松之国黎巴嫩，海湾之秀科威特，沙漠之巅阿联酋，半岛明珠之国卡塔尔，波斯湾霍尔木兹海峡守门人阿曼，万湖之国白俄罗斯，欧亚十字路口土耳其，流着奶和蜜之地以色列，欧

---

① 习近平:《弘扬丝路精神，深化中阿合作》，2014年6月5日，习近平在中—阿合作论坛第六届部长级会议开幕式上的讲话，《人民日报》6月6日第1版。

洲粮仓乌克兰，亚平宁半岛上的文化巅峰意大利，阿尔卑斯之巅的瑞士，玫瑰之国保加利亚，与灵魂对话的思辨之国德意志，欧洲文化殿堂法兰西，欧洲客厅比利时，郁金香之国荷兰，热情如火的西班牙，还有绅士国度英国，北非金字塔之国埃及，非洲屋脊奉马蹄莲为国花的埃塞俄比亚，香草大岛之国马达加斯加，等等。

沿着海上丝绸之路，我们会领略丛林花园之国马来西亚，花园国度新加坡，千岛之国菲律宾，赤道翡翠之国印度尼西亚；沿澜沧江一路南下，我们不曾相忘澜湄泽润之国越南，千佛之国泰国，高棉的微笑之国柬埔寨，万象之都老挝，印度洋上明珠之国斯里兰卡，印度洋上的明星和钥匙毛里求斯，堆金积玉之国文莱，追求自由之国东帝汶，印度洋世外桃源马尔代夫，骑在羊背上的国家澳大利亚，上帝的后花园新西兰，等等。

"一带一路"沿线国家里，那些千百年来影响了人类与国家、民族命运并与中国曾经有过交往的古今人物，至今还能在教科书、影视剧里看到他们，还能感受到他们在一代一代年轻人身上所生发的影响和魅力。

当然，对于中国人来说，更为熟悉的是丝绸之路的开拓者。曾记否？丝绸之路开拓者中，有汉武帝和他的使节们，有首开大唐盛世的唐太宗及其无数臣民，有再续睦邻通商航海路的宋祖朝廷和无数先贤，还有金戈铁马风漫卷的元代人物，一统江山万里帆的明代人物，环球凉热自清浊的清代人物，东西碰撞溅火花的近代人物，还有经受风雨变迁、勇立海国之志的现代人物，更有丝路明珠敦煌莫高窟的守护者，卫国助邻的将军和通司中外的外交家们。当然，数风流人物，还看今朝，我们不能不浓墨重彩地讴歌那些智通商海，投身到新丝路建设中的当代人物。

耕云播雨，香火延续，智慧传承，历史再续！2100多年的友好交往历史从未隔断，惠及三大洲的中西交通从未停歇，21世纪的"中国梦"和"世界梦"汇成了人类命运共同体的时代和弦，响彻在"一带一路"辽阔的长空。也正因如此，在2023年的金秋时节，习近平主席同来自五洲四海的新老朋友相聚北京，共同出席第三届"一带一路"国际合作高峰论坛。世界的目光再次聚焦北京、聚焦中国。10年来，在各方的共同努力下，共建"一带一路"从中国倡议走向国际实践，从理念转化为行动，从愿景转变为现实，从谋篇布局的"大写意"到精耕细作的"工笔画"，取得实打实、沉甸甸的成就，成为深受欢迎的国际公共产品和国际合作平台。"一带一路"合作从亚欧大陆延伸到非洲和拉美，150多个国家、30多个国际组织签署共建"一带一路"合作文件，举办3届"一带一路"国际合作高峰论坛，成立了20

多个专业领域多边合作平台。①这是中华民族和世界历史上都应该铭记的大日子。

"一带一路"沿线国家拥有各自悠久的历史和丰富的文化传统，从古到今，涌现出了许多令人钦佩的人物，他们的成就在促进不同文化之间的民心相通方面发挥了重要作用，他们的贡献有助于加深各国人民之间的理解和合作。以人物传记写作为己任的中国传记文学学会，在"一带一路"倡议实施中，肩负"讲好'一带一路'民心相通好故事"的使命和责任，这也是国家赋予我们的根本职责和任务。在中国文学艺术界联合会的领导下，在中国社会科学院国家全球战略智库指导下，中国传记文学学会以赤诚的家国情怀、强烈的时代精神、为人物传记的责任担当，在认真调研、周密谋划、精心组织基础上，毅然决定倾注全力组织编写、筹资出版"'一带一路'列国人物传系"。此煌煌百卷传系讲述近千名各国卓越人物故事，集数百位专家作家尽心挥毫，冬去春来，夜以继日……幸得各界人士倾力赞助，又得中国出版集团有限公司华文出版社、当代世界出版社、五洲传播出版社出版发行。于是，各位读者得以读到手中的这套活泼而不失厚重、有趣而不失学养的列国人物合传书卷。

---

① 习近平在第三届"一带一路"国际合作高峰论坛开幕式上的主旨演讲（全文），2023 年 10 月 18 日，https://baijiahao.baidu.com/s?id=17 8006481 5242319182&wfr=spider&for=pc。

孔子曰："仁者，人也。"让各国的先贤智者的思想光辉，照亮我们探索人类未来的道路。

传记明志，落笔为文，是为总序。

中国传记文学学会会长

"'一带一路'列国人物传系"编委会主任

王丽　博士

2023 年 10 月 18 日

Introduction: The Star-studded "Belt and Road"

On September 7, 2013, Chinese President Xi Jinping delivered a speech at Kazakhstan's Nazarbayev University, telling college students the ancient yet up to date stories of the Silk Road with well-versed wisdom.

"More than 2,100 years ago during the Han Dynasty (206 BC–AD 220), a Chinese envoy named Zhang Qian was sent to Central Asia twice on missions of peace and friendship. His journeys opened the door to friendly contacts between China and Central Asian countries, and started the Silk Road linking east and west, Asia and Europe.

Shaanxi, my home province, is right at the starting point of the ancient Silk Road.Today, as I stand here and look back at that history, I seem to hear the camel bells echoing in the mountains and see the wisp of smoke rising from the desert, and this gives me a specially good feeling.

Kazakhstan, located on the ancient Silk Road, has made an important contribution to the exchanges between the Eastern and Western civilizations and the interactions and cooperation between various nations and cultures.This land has borne witness to a steady stream of envoys, caravans, travelers, scholars and artisans traveling between the East and the West.The exchanges and mutual learning thus made possible the progress of human civilization." [1]

"Countries of different races, beliefs and cultural backgrounds are fully able to share peace and development. This is the valuable inspiration we have drawn from the ancient Silk Road," [2] and "to forge closer economic ties, deepen cooperation and expand development space in the Eurasian region, we should take an innovative approach and jointly build an economic belt along the Silk Road." [3]

With caring, vision and leadership, President Xi Jinping, in Astana, [4] Kazakhstan, made a historic

---

[1] Xi Jinping: The Governance of China.3rd ed., Foreign Languages Press, Beijing, 2018, p.315.

[2] Xi Jinping: The Governance of China.3rd ed., Foreign Languages Press, Beijing, 2018, p.316.

[3] Xi Jinping: The Governance of China.3rd ed., Foreign Languages Press, Beijing, 2018, p.317.

[4] The name of the new capital of Kazakhstan.

declaration that would rejuvenate the spirit of the ancient Silk Road for the first time to the world.

On October 3, 2013, President Xi Jinping gave a speech titled "Work Together to Build a 21st-century Maritime Silk Road" at the People's Representative Council of Indonesia.

"Southeast Asia has since ancient times been an important hub along the ancient Maritime Silk Road.China will strengthen maritime cooperation with the ASEAN countries, and the China-ASEAN Maritime Cooperation Fund set up by the Chinese government should be used to develop maritime partnership in a joint effort to build the 'Maritime Silk Road' of the 21st century." [1] And "the two sides need to give full rein to our respective strength to enhance diversity, harmony, inclusiveness and common progress in our region for the benefit of both our people and the people outside the region." [2]

This initiative, along with the speech on September 7, conveyed a consistent message and harmonized seamlessly, bringing to fruition the ambitious vision of the "Silk Road

---

[1]   Xi Jinping: The Governance of China.3rd ed., Foreign Languages Press, Beijing, 2018, p.321.

[2]   Xi Jinping: The Governance of China.3rd ed., Foreign Languages Press, Beijing, 2018, p.323.

Economic Belt" and the "21st Century Maritime Silk Road".

Stretching from the expansive Eurasian hinterland of Kazakhstan to the breathtaking landscapes of Indonesia, Xi Jinping's proposed "Silk Road Economic Belt" and "21st Century Maritime Silk Road" have captured the world's attention.From September 2013 to August 2016, Xi visited 37 countries (18 in Asia, 9 in Europe, 3 in Africa, 4 in Latin America and 3 in Oceania), and fully elaborated on the overall framework and basic connotation of the "Belt and Road" initiative.The Silk Road spirit of peace and cooperation, openness and inclusiveness, mutual learning, and mutual benefit, combined with the idea that projects should be jointly built through consultation to meet the interests of all, dispels the haze of "de-globalization" and injects new kinetic energy into the sluggish growth of the world economy.Many countries have linked up their own economic development to the "Vision and proposed actions outlined on jointly building Silk Road Economic Belt and 21st-Century Maritime Silk Road" proposed by the Chinese government.

The "Belt and Road" initiative advocates policy coordination, facilities connectivity, unimpeded trade, financial integration, and people-to-people bond.With the emphasis on infrastructure build-up, economic and trade cooperation, industrial investment, energy resources development, financial support, people-to-people exchanges, ecological environmental protection, and marine cooperation, the initiative has set off a new momentum in investment, trade activity, technological innovation, and production capacity cooperation in the world.In 2016, China led the establishment of the Asian Infrastructure Investment Bank (AIIB), which was joined by 57 member states. On March 23, 2017, it welcomed 13 new partners.The Bangladesh Power Distribution System Upgrade Expansion Project, the Indonesia National Shanty Town Transformation Project, the Pakistan National Highway Project and the Tajikistan Dushanbe–Uzbekistan Border Road Improvement Project have received financial support from the AIIB.The idea of joint project implementation through consultation to meet the interests of all has since turned into reality.

The "Belt and Road" initiative has garnered enthusiastic support from the international community.On November 17, 2016, during the 71st session of the United Nations General Assembly, all 193 member states unanimously passed Resolution A/71/9, warmly embracing the "Belt and Road" proposal.This resolution encouraged nations worldwide to actively engage in the development of the "Belt and Road" and called upon the international community to ensure a secure environment for its successful implementation.On March 17, 2017, the United Nations Security Council unanimously adopted Resolution 2344, calling on the international community to rally assistance to Afghanistan, and bolstering regional economic cooperation through initiatives like the "Belt and Road".The resolution further emphasized the need for all stakeholders to establish a secure and stable environment for the successful execution of the "Belt and Road" initiative.

In January 2017, President Xi Jinping delivered a momentous speech titled "Work Together to Build a Community of Shared Future for Mankind" at the United Nations Office in Geneva.This address provided a comprehensive and systematic exposition of the pivotal concept: creating a global community of shared future, which resonated with audiences worldwide and elicited widespread acclaim and enthusiastic responses from a diverse array of stakeholders.On March 23, during the 34th session of the United Nations Human Rights Council, two resolutions were unanimously adopted, focusing on "economic, social and cultural rights" and the "right to food".These resolutions explicitly expressed the intent to "build a community with a shared future for mankind" through the development of the "Belt and Road" initiative.This historic inclusion of the concept of "building a community with a shared future for mankind" in the UN Human Rights Council's resolutions underscored its significance within the international human rights discourse.In May 2017, Beijing played host to the First Belt and Road Forum for International Cooperation, attended by delegates from countries involved in the "Belt and Road" initiative, including heads of state and government, former leaders, leaders of international organizations, experts, scholars and distinguished entrepreneurs.They endeavored to enhance cooperation and stimulate development.

The "Belt and Road" is not a solo act by China but rather a symphony performed in concert with countries across Asia, Europe, Africa and the rest of the world.China steadfastly upholds the principles and objectives outlined in the UN Charter, maintaining a commitment to openness and cooperation, harmony and inclusiveness, as well as policy dialogue.It fosters political trust, builds cooperative consensus, coordinates development strategies, promotes trade facilitation and enhances multilateral cooperation mechanisms.China has joined hands with more than 100 countries and regions to co-create a new Eurasian continental bridge.This has been accomplished by taking advantage of international transport routes that are supportive of the central cities along the "Belt and Road", and building key economic and trade industrial parks as a platform for cooperation.China–Mongolia–Russia, China–Central Asia– West Asia, China–Pakistan, Bangladesh–China–India– Myanmar, China–Indochina Peninsula and other international economic cooperation corridors are progressing smoothly. China Railway Express accentuates trade and shipping overland between China and Europe with a bright future. Meanwhile, key sea ports also serve as the nodes to jointly build a smooth, safe and efficient transportation network, and hence enables a close connection between land and sea routes.Together with the overland cargo train transportation, the frequent cargo ships sailing on the Pacific, Indian and Atlantic Oceans poses an amazing picture.In summary, the relevant resolutions or documents of the Asia–Pacific Economic Cooperation, the Asia–Europe Meeting, and the Greater Mekong Subregion Economic Cooperation program all embody the "Belt and Road" initiative.By bringing together the world's wealth, Silk Road Fund, development finance, and supply chain finance strive to build a green, healthy, intelligent and peaceful Silk Road, and enhance the well-being of people around the globe.

The "Belt and Road" is a grand blueprint that has never been seen in human history.It is also a warm heart line that connects Asia, Africa and Europe to countries around the world. "The Silk Road Economic Belt" includes China via Central Asia, Russia to Europe (Baltic Sea), China via Central Asia, West Asia to the Persian Gulf, the Mediterranean Sea, China to Southeast Asia, South Asia, and the Indian Ocean; the "21st Century Maritime Silk Road" includes from China's coastal ports to the South China Sea as well as the Indian Ocean that extends to Europe and the South Pacific.Friendly exchanges among countries are just a camel-ride and a boat trip away from each other.

In this new era, as we embark on the grand journey of revitalizing the spirit of the ancient Silk Road, President Xi Jinping took a moment to honor the trailblazers of the Silk Road and offered a special tribute to the visionary founders of its enduring spirit:

"In ancient times, our ancestors struggled through deserts and sailed in boundless seas to transport Chinese products to countries overseas, taking a lead in international friendly contact.Along that path, Gan Ying, Zheng He and Ibn Battuta were all known as envoys of this China-Arab friendship.Through the Silk Road, Chinese inventions like paper-making, gunpowder, printing and the magnetic compass were spread to Europe, and Arabic conceptions like astronomy, the calendar and medicine were introduced to China.

For hundreds of years, the spirit that the Silk Road bears, namely, peace and cooperation, openness and inclusiveness, mutual learning, mutual benefits and win-win results, has lived on through generations." [1]

There is a Chinese saying that when you drink the water, think of those who dug the well.The implication that the Chinese people never forget history is clearly demonstrated in our excellent cultural tradition of commemorating the sages and at the same time looking forward to the future.It also points out the direction and path for the Biography Society of China to participate in the "Belt and Road" initiative.

On the ancient Silk Road, we have never forgotten Zhang Qian's diplomatic missions to the western regions in Han Dynasty that include the world's biggest landlocked country Kazakhstan, the good neighbor Pakistan with

[1] Xi Jinping: "Promoting the Silk Road Spirit and Deepening China-Arab Cooperation." Key note speech at the opening ceremony of the 6th Ministerial Meeting of the China-Arab States Cooperation Forum, section one, People's Daily, June 6, 2014.

high mountains and beautiful rivers, the double-headed eagle across Eurasian country Russia, grassland country Mongolia, Himalaya floating paradise Nepal, Bodhi Ganges blessed country India, cultural treasure Iran, the first Codex System member country Iraq, Red Sea gateway Yemen, oil kingdom Saudi Arabia, the Persian Gulf pearl Bahrain, cedar country Lebanon, Gulf Star Kuwait, desert peak UAE, the Peninsula pearl Qatar, and Oman–the gatekeeper of Hormuz Strait at Persian Gulf, thousand–lake country Belarus, Turkey at the Eurasian crossroads, Israel–a land flowing with milk and honey, Ukraine of European granary, Italy–the cultural pinnacle of Apennines, Switzerland at the top of Alpine, rose country Bulgaria, and Germany, a nation famous for great thinkers, France, the center of the European culture, the welcoming and comfortable Belgium, tulip country Netherlands, the warm and sunny Spain, as well as the elegant Britons, pyramid country Egypt in North Africa, Ethiopia on the roof of Africa with the national flower of calla lily, the great Vanilla Island country Madagascar, and so on.

Along the Maritime Silk Road, we will come across Malaysia, the country of jungle gardens, garden country Singapore, the Thousand Islands country Philippines, and Indonesia, an emerald on the equator line.Down the Lancang–Mekong River all the way south, we will experience Vietnam whose land moistened by the Lancang–Mekong River, Thailand, the country of thousand Buddhas, the smiling country of Khmer Cambodia, and Laos, the "Land of a Million Elephants".On the Indian Ocean, we will also see the ocean pearl Sri Lanka, the ocean star Mauritius, the rich and abundant Brunei, the freedom seeker Timor–Leste, the idyllic Maldives, and Australia, a country on the back of the sheep, New Zealand, the back garden of God, and so on.

In the countries along the "Belt and Road", those ancient and modern figures who have influenced the destiny of mankind, countries and nations for thousands of years and had dealings with China are still seen in today's textbooks, movies and television dramas.Their influence and charm are still felt by generations of young people.

Certainly, for the Chinese people, we are more familiar with the pioneers of the Silk Road.Have we ever remembered? Among the trail blazers of the Silk Road were Emperor Wu of Han Dynasty and his envoys, Emperor Li Shimin, the co–founder of the Tang Dynasty that epitomized a golden age and his countless subjects, the Song imperial court and numerous sages who continued good-neighbor practice and friendly maritime navigation, as well as the Yuan Dynasty warriors who led armored cavalry with shining spears, the Ming Dynasty figures who unified the country, and the Qing Dynasty characters who maintained a clear mind during global turmoil, as well as the modern individuals who, by learning from both the west and the east in a time of rapid change, had the courage to build a sea power nation.There were also the guardians of Dunhuang Mogao Grottoes known as the Silk Road Pearl, the generals who safeguarded the country and helped the neighbors, and the diplomats who convey information and messages between China and foreign countries.Without a doubt, it is our current era that features true heroes.We can not praise highly enough the contemporary people who have been plunging themselves into the development of the new Silk Road.

Diligence bears fruit, the flame of tradition stays ablaze, wisdom is passed down, and the wheels of history keep turning! The over 2,100-year history of friendly exchanges has never been severed, and the China-Western connectivity benefiting three continents has never come to a halt.The "Chinese Dream" and "World Dream" of the 21st century have converged to form the zeitgeist of a shared human destiny, echoing across the vast expanse of the "Belt and Road".For this very reason, in the autumn of 2023, President Xi Jinping, along with friends both old and new from across the globe, gathered in Beijing to attend the Third Belt and Road International Cooperation Summit Forum. Representatives from different countries and international organizations joined the event as invested guests, once again drawing the world's attention towards Beijing and China.Over the past decade, through the concerted efforts of all involved, the "Belt and Road" initiative has evolved from a Chinese proposal to international practice, from a mere idea into tangible action, from a vision to reality. It has progressed from "sketching the outline" to "filling in the details", yielding concrete and substantial outcomes. It has been welcomed by the international community as a public good and a cooperation platform. "Belt and Road" cooperation has extended from the Eurasian continent to Africa and Latin America, with more than 150 countries and over 30 international organizations signing "Belt and Road" cooperation documents.Three sessions of the Belt and Road Forum for International Cooperation have been successfully convened, and more than 20 specialized multilateral cooperation platforms have been established under the "Belt and Road" initiative.[1] This marks an occasion of profound significance, one that merits a place in the annals of both Chinese and world history.

Countries along the "Belt and Road" possess rich histories and cultural traditions of their own. Throughout history, they have produced countless admirable figures whose contributions have played pivotal roles in fostering mutual understanding among diverse cultures, thus facilitating understanding and collaboration among people from various countries.

The Biography Society of China, dedicated to biography writing, has embraced the mission of "telling well the inspiring stories of remarkable lives along the Belt and Road initiative." This mission is not merely a duty; it's a fundamental responsibility placed upon us by our nation. Under the leadership of the China Federation of Literary and Art Circles and guided by the National Institute for Global Strategy of the Chinese Academy of Social Sciences, the Biography Society of China, driven by unwavering patriotism, a deep sense of the times, and a dedication to

[1] Xi Jinping's keynote address at the opening ceremony of the Third Belt and Road International Cooperation Summit Forum, October 18, 2023, https://baijiahao.baidu.com/s?id=1780064815242319182&wfr=spider&for=pc.

the responsibility of documenting lives, embarked on the compilation and publication of "The Legend of the People along the Belt and Road Nations".This monumental series, spanning a hundred volumes, narrates the stories of nearly a thousand remarkable individuals from diverse nations.It is the result of the diligent efforts of hundreds of expert writers who worked tirelessly day and night, across seasons and years. With deep gratitude, this endeavor received generous support from various quarters and found publication through Sino-Culture Press under the China Publishing Group, as well as Contemporary World Press and China Intercontinental Press. Thanks to their generosity and commitment, readers now have the opportunity to delve into this vibrant yet substantial, captivating yet educational collection of biographies from countries along the "Belt and Road."

Confucius once said, "Humanity is of humans".May the intellectual brilliance of sages and wise individuals from various nations illuminate our path as we explore the future of humanity.

The biographies are written with lofty ideals in mind.This serves as the introduction.

President of the Biography Society of China

Director of the Editorial Board of "The Legend of the

People along the Belt and Road"

Dr. Wang Li

October 18, 2023

目　录

1

Contents

引　言

历史就是这样有意思，它在我们的眼里飘若云烟，忽远忽近。100多年前的中国，一方面，似乎离我们并不遥远，人们只需踮起脚尖，就能嗅到来自晚清的气息，而我们所处的时代，似乎亦能随处触摸到当年余温尚存的痕迹；另一方面，经历了百年巨变的今日中国，早已不是那个落后封闭、任人宰割的"睡狮"，而是迈入了从"站起来"到"富起来"，再到"强起来"的实现中华民族伟大复兴中国梦的伟大征程。此间距离，天上人间，何止千年！

100多年前的中国，依然在封建社会的黑夜里沉睡不醒，在"天国上朝、唯我独尊"的美梦中怡然自乐，全不知西方资本主义国家正迅猛发展，殖民主义的魔爪已悄然迫近。张之洞正是出生于这样一个危机四伏、风云际会的年代。所谓乱世出英雄，张之洞所处的时代是一个千疮百孔、满目疮痍的时代，也是一个能人辈出、群雄并起的时代。早一点的有龚自珍、魏源、林则徐等睁眼看世界的仁人志士，稍晚一点的有曾国藩、左宗棠、胡林翼、彭玉麟等中兴名臣，再晚一点的有康有为、梁启超等维新领袖，孙文、黄兴等革命精英。历史的星河中，张之洞与他们站在一起，同样星光灿烂。

张之洞（1837—1909），字孝达，号香涛，晚年自号抱冰老人，直隶南皮人，是一个与中国近代史共始终的人物。他出生不到3年，鸦片战争打响，中国近代史肇始；他去世2年后，武昌起义爆发，清王朝封建统治和中国2000多年专制帝制宣告结束。张之洞出生于官宦世家、书香门第，少时跟随名师接受严格的传统教育，继而博取科名，进入仕途，由词臣而疆臣，由"清流"而"洋务"，一生历经道光、咸丰、同治、光绪、宣统五朝，历任教习、侍读、侍讲、内阁学士、山西巡抚、两广总督、湖广总督、两江总督（两次署理，从未实授）、军机大臣等职，官至体仁阁大学士，亲身经历了太平天国、洋务运动、中法战争、中日甲午战争、戊戌变法、义和团运动、八国联军侵华战争和清末新政等重大历史事件，他"矢抱冰握火之志，持匡危扶颠之心，冀挽虞渊之落日"，对中国的政治、经济、军事、教育都作出了杰出贡献。特别是作为洋务派后期的主要领袖，他积极引进西方先进技术，大力兴办近代企业，影响当时，享誉后世。新中国成立之初，毛泽东曾对黄炎培说过，在中国近代历史上，有4个人是万万不可忘记的，他们是：搞重工业的张之洞，搞化学工业的范旭东，搞交通运输业的卢作孚，搞纺织工业的张謇……

中国人对于"圣人"的标准可谓严苛，所谓立德立功立言三不朽：有为民立标的德行，有为国家作出贡献的功劳，有真知灼见的言论。古往今来，三者据其一者可谓凤毛麟角。我们不妨以此为标准，考量一下张之洞一生的表现。

先说立德。做人要有人品，做官须有官德，为官之德，最起码也是最重要的当为清廉。贪赃受贿、枉法营私是封建社会官僚政治的通病，晚清吏治腐败更为严重。"未闻有以安民为事者，而赋敛之横，刑罚之滥，朘民膏而殃民命者，天下皆是。"（刘蓉：《养晦堂文集》）在这样的环境下，张之洞历任要职，却能做到两袖清风，洁身自好，是十分令人钦佩的。他外放四川学政3年，任满回京时居然连路费也拿不出，只好忍痛卖书才得以成行。张之洞穿着非常简朴，不论走到哪里，从不用门丁，不收门包，不收礼物。自出任学政到最终入值军机，张之洞为官40多年，没有在老家建一处豪宅、置一亩田产。他去世后，家里一穷二白，连治丧所需的费用，大多也是门客、僚属一起凑的。

张之洞不仅廉政，而且勤政，他对工作兢兢业业，事必躬亲。甫任四川学政，为掌握第一手资料，张之洞不顾蜀道艰险，走遍了全省各地。他在给朋友的信中说："（蜀道）荒山绝壁，险不可言；舁夫颠蹉，从骑陨毙，不知凡几；水复山重，积雪迷途，惊心动魄。"张之洞是个典型的"夜猫子""工作狂"。在山西，他每天凌晨1点起床，凌晨3点开始办公，早上7点开始接见下级官员。这种作息时间搞得下属苦不堪言，甚至有人以他"晨昏颠倒、作息无时"为由向朝廷弹劾他。他督鄂期间，"心血耗尽，夜睡仅五、六刻，午睡仅三四刻，且甚艰难……每饭一瓯，仍不消化"。与法军作战时，他"夜寐不过数刻，罕有解带安息之事"。

张之洞不仅是个想干事、能干事的人，还是一个不怕事的人。他刚正不阿，不畏权贵。诚如他自己所说："士人立身涉世，居官立朝，皆须具有气节。当言则言，当行则行。持正不阿，方可无愧为士。""清流"时期，他内恤民愿，外争国权，申冤东乡惨案，改订"中俄条约"之议，赢得朝野上下一片赞誉。当他得知

《马关条约》签订的消息后，怒斥李鸿章的卖国行为是"大约稍有心肝之人皆必不肯为之"，"恐宋臣秦桧明臣仇鸾之奸尚未至此也"，而且对慈禧太后和皇帝也一点没客气，"坐视赤县神州，自我而沦为异域，皇太后、皇上将如后世史书何？"此等言论，实在是"直言敢谏，不避权奸，一时无两"。

再说立功。张之洞一生最大的功劳，当在办实业、兴教育、御外侮、练新军这四个方面。在中国历史上，还没有哪一个官员能够在有生之年创办数量上如此之多、门类上如此齐全的企业，也难怪他被日本名臣伊藤博文誉为"中国第一能办事之人"。

这其中，最常被后人提及的就是称雄亚洲的汉阳铁厂和贯通南北的卢汉铁路。汉阳铁厂是当时亚洲最大的钢铁联合企业，集冶铁、炼钢、轧钢于一体，被外国人称之为"完善无疵，规模宏大""大有振衣千仞一览众山之势""20世纪中国之雄厂耶！"而卢汉铁路的建成，对中国的发展，尤其是中部地区的发展起到了重要作用，而且催生了石家庄、郑州等沿线枢纽大城市。时至今日，卢汉铁路仍是中国南北交通的大动脉。尽管其中的筹钱之艰难、与列强博弈之辛苦等令张之洞劳心伤神，苦不堪言，但终于凭借过人的智慧和胆略，完成了"他人不愿为，且不能为"的大业，让他赢得了"铁路主办元帅"的声誉。除此之外，张之洞还在武汉等地创办了湖北枪炮厂、大冶铁矿、湖北织布局、缫丝局、纺纱局、制麻局等一批近代企业，建立起了包括冶金、矿业、军工、纺织等行业的门类比较齐全的近代工业体系，奠定了民族近代工业的根基。

张之洞入仕即任考官、学官，一生与教育结下了不解之缘。他每到一地，都把兴学作为大事来抓。他借鉴国外先进的教育制度和办学经验，对传统书院进行改造，创设各类新式学堂，培养经世致用的人才。据不完全统计，张之洞仅在湖广总督任上，就创办了两湖书院、自强学堂、湖北农务学堂、湖北工艺学堂、湖北师范学堂、两湖总师范学堂、湖北师范传习所等近60所新式学堂，在湖北地区创立了国内领先的，比较完整、配套的近代教育体系。在建书院、办学堂的同时，张之洞作为"当今第一通晓学务之人"，根据自己多年办教育的经验，参考东西方先进国家的学制系统，与荣庆、张百熙共同制订了《癸卯学制》，这是中国近代第一个由政府颁布并得到施行的学制系统。他还多次上奏，最终促成了已越来越僵化、束缚中国教育发展的科举制的废除。美国学者威廉·艾尔斯在《张之洞与中国教育改革》一书中说："在张之洞的一生中，中国教育的形态发生了根本性变化，对此，他的努力具有决定性意义。"

在很多人眼里，张之洞是个文官，其实他在军事上也卓有建树。中法战争之时，张之洞任两广总督，处于战争的第一线，担负着调度指挥和筹饷济械的重任。对于张之洞来说，中法之战不啻一次人生大考。让人称奇的是，不同于他的那些只善夸夸其谈的"清流党"同僚，他对战局的分析、预判、谋略，无不显示出他卓越的军事指挥才能。说起镇南关大捷，人们都会想到老将冯子材，其实，正是张之洞启用了老将冯子材，而张之洞才是镇南关大捷的真正的指挥者！从启用良将、筹措军需直到作战方略的制订，无一不是张之洞在"纡筹决策"。诚如唐景崧所说：镇南关一役"然则南皮实为功首也"。

张之洞在山西时即开始编练新军，为的是护卫山西，而中法战争让张之洞亲身感受到了清军与法军在武器装备、军事素质上的巨大差距，于是，他想建立一支"期于专备洋战"的劲旅。最终，他在广东建立了一支按照德国陆军的标准装备和训练的新式陆军和一支拥有军舰20余艘、小型炮艇十余艘、鱼雷艇若干的新式海军。

中日甲午战争期间，张之洞暂署两江，在他的请求下，朝廷批准他组建"江南自强军"，这是仿照德国军制建立的一支多兵种合成的新式军队，以兵源素质高、训练质量高而被时人称道。从时间上看，张之洞的"江南自强军"与袁世凯编练的"新建陆军"同为中国最早的近代陆军，张之洞也成为中国近代陆军的创始人之一。回到湖北之后，张之洞又着手编练湖北新军，他以带回的护军营为基础，建成了一支9500余人的精锐之师，被外国军事人员评价为当时中国最强的军队。让张之洞始料未及的是，正是他亲手培养的这支部队，向着他所捍卫的清王朝打响了武昌起义的第一枪。1912年4月孙中山访察武汉后说："以南皮造成楚材，颠覆满祚，可谓为不言革命之大革命家。"若张之洞泉下有知，闻听此言，不知作何感想。

张之洞是一个放眼看世界的人，在建企业、办学堂、练新军的过程中，他十分注重仿效西法，聘请了大量的外国专家、教官。仅在湖北期间，他就引进了将近300名国外人才。在"请进来"的同时，张之洞也主张"走出去"，派优秀人才去先进国家学习知识、开阔眼界，他认为"出洋一年，胜于读西书五年。入外国学堂一年，胜于中国学堂三年"。在张之洞的倡议和推动下，两湖地区成为留洋人才输出重镇。当然，作为一名改革者、实干家，在专制统治和顽固守旧思想占据主导地位的历史条件下，不难想象，张之洞遇到了多少艰难险阻。2013年11月12日，习近平总书记在部署全面深化改革的中共十八届三中全会上，就引用了张之洞"旧者不知通，新者不知本"的感慨之语，讲述了改革者面对阻力的切肤之痛，借史鉴今，要求大家"凝聚共识"，为改革者撑腰打气，使改革成为推动中国现代化的最强劲动力。

最后说说立言。张之洞毕生亲治文书，笔耕不辍，有千万文字存世。生前即有《輶轩语》《书目答问》《广雅堂诗集》《广雅碎金》等著述刊行流布。当然，最为时人关注和影响后世的，就是他在《劝学篇》里系统阐述的"中学为体，西学为用"的主张。"中体西用""会通中西、权衡新旧"，对中学与西学的关系，作出了当时最系统最合理的回答，为引进西学提供了理论依据，不仅成为当时举国皆知、人人皆言的价值体系，而且对于洋务运动和日后的中国政治体制变革起到了积极作用。

时至今日，张之洞去世已逾百年。时代变迁，沧海桑田，多少人事已成云烟。读罢此书，了解张之洞之后，每一个读者也许都有自己不同的评价和判断，但至少应该感觉到，张之洞是一个经得住历史风雨的淘洗，值得为后世所铭记的人。

一、少年英才　早博科名

历史的车轮滚滚向前，19世纪30年代的大清帝国，在经历了一百多年的康乾盛世之后，如深秋凋零的黄叶，在内忧外患之中，迅速走向衰落。

诚如晚清重臣李鸿章所言，此时的清王朝，正面临着"数千年未有之变局"。吏治败坏、百官贪婪，武备废弛、战力堪忧，农政不修、民怨四起，商业凋敝、国穷财尽。而反观西方列强，却借助着工业革命的加速器强势崛起，对地大物博的东方古国虎视眈眈……

站在21世纪的今天，再回望那段历史，那是多么让人扼腕叹息的一幕啊！世界已经进入一个崭新的阶段，而曾经纵横驰骋、所向披靡的大清帝国，却如一个暮气沉沉、沉疴缠身的老妪，踽踽而行于夕阳的余晖之中，全不知身后危险将至……

其时，西方列强的商品、鸦片、坚船利炮一并袭来，老朽的清王朝几无招架之力，闭关锁国的状态被强行打破……鸦片战争一触即发。无论中国人愿意与否，都不可避免地卷入到这场亘古未遇的变局之中。

作为晚清政治界、思想界、经济界和文学界举足轻重的人物，张之洞一生在这个变局中起到了什么作用呢？对他的评价一直以来就毁誉不一。

在誉之者眼里，他是大有作为、实绩突出的能吏，少年成名、学富五车的贤才，一尘不染、两袖清风的廉官，抗敌御辱、练兵有方的统帅，振兴经济、兴办企业的巨商，醉心教育、桃李众多的大儒。在毁之者眼里，他却是"毫无宗旨，毫无政见，随波逐流，媚主以求荣之人也"。连梁启超也称其为"浮华之人"。

《张文襄公事略》对身处新旧交替时代、思想亦复杂多变的张之洞有过精辟的描述："夫张公之洞之得名，以其先人而新，后人而旧。十年前之谈新政者，孰不曰张公之洞、张公之洞哉？近年来之守旧见，又孰不曰张公之洞、张公之洞哉？"

然而，也正如此书所说："虽然，一新一旧之张公，今为过去之人物矣，而环顾满朝，衮衮诸公，其能与一新一旧之张公并驾而齐驱者，竟何人耶？"

千秋功过，任人评说。

1. 超级学霸，一"举"成名

道光十七年（1837）八月初三，贵州省兴义府（今贵州省安龙县所在地）张锳的府邸张灯结彩，道喜之声不绝于耳。46 岁的张锳站在门口，迎送着前来道喜的宾客。张氏家族又添男丁，张锳自然是喜上眉梢，膝下已有 3 个儿子和几个女儿，加上刚刚出生的之洞，张家俨然是一个人丁兴旺的大家庭了。

尽管膝下儿女颇多，但张锳心里还是掩饰不住地高兴。像所有当父亲的人一样，他心里也对这个刚刚来到人间的孩子充满了希冀，默默地祈求上苍的佑护。人在此时最容易想起亲人和故乡，张锳遥望着北方，心里泛起浓浓的思乡之情。

张锳并非贵州本地人，明永乐年间，在那次中国历史上著名的大移民中，张家的先祖张本从山西洪洞县迁至京畿潞县（今北京市通州区东南）。张本之孙张端，曾任南直隶繁昌县荻港巡检，后又举家迁至天津府南皮县（今属河北省）东门印子头，由于子嗣多为官吏，遂成为名闻乡里的"东门张氏"。张端之子张淮，在明正德年间考中进士，官至河南按察使，是当时颇有名气的文士。张之洞的高祖张乃曾，曾任清代山西孝义知县，张之洞的曾祖张怡熊，曾任浙江山阴知县。父子两世县令，皆以廉洁惠民闻名于世。张之洞的祖父张廷琛，以贡生资格任四库馆誊录，后选为福建漳浦东场盐大使，又补授古田县知县。乾隆五十三年（1788），福州将军魁伦与闽浙总督伍拉纳交恶，两人相互奏疏弹劾。皇上派员查得伍拉纳有贪污、纵盗等行径，龙颜大怒之下，将伍拉纳及其手下官员十余人拿下问罪，县以下被牵连者70余人。而张廷琛洁身自好，不仅未被祸及，还设法对被株连者"调护拯救"，足见其为官清廉且兼有侠义心肠。

张之洞的父亲张锳，字又甫，号春潭，生于乾隆五十六年（1791），嘉庆十八年（1813）乡试中举，但随后接连6次会试未尝胜绩。正当张锳自认为此生进仕无望，与官场无缘之时，朝廷6年一次的"大挑"又为他带来一线生机。所谓"大挑"，就是从三次以上会试不中的举人中挑取优秀人才任职，其中一等的可任用为知县。大挑不考文章词赋，而是考察举人的相貌和应对能力，多多少少有点类似于今天的"面试"。这次，相貌堂堂、口齿伶俐的张锳把握住了机会，他被录为一等，先后被任命为贵州安化县知县、贵筑县知县，不久升任古州同知（知府的副手）、兴义府知府。张锳一生三娶，原配刘夫人，布政使刘廷武之女；

继娶蒋夫人，四川嘉定知府蒋策之女；再娶朱夫人，四川邛州知州朱绍恩之女。朱夫人就是张之洞的生母。

出生在这样一个官宦世家、书香门第，张之洞无疑是幸运的，上天似乎已为他铺就了一条人生坦途。但世事难料，道光二十年（1840），就是鸦片战争爆发那年，朱夫人因病去世了！那一场打开中国国门的战争，对一个3岁孩童的情绪没什么影响，但丧母之痛，却让早慧而懂事的张之洞过早地品味了人生的苦难……自此之后，他常常对着母亲留下的两尊古琴发呆，仿佛看见母亲在弹奏他最爱听的童谣……

母亲故去后，张之洞由父亲的侧室魏氏抚养。魏氏一生未育，视张之洞为己出，母子感情甚深。光绪十三年（1887）魏氏去世的时候，张之洞正在两广总督任上，他闻听噩耗万分悲痛，身着孝服进行祭拜。对于来到广东的魏氏亲属，他也按照亲戚礼数悉心接待。母子一场，魏氏泉下有知，也定当为张之洞的孝心感到欣慰。

张锳家教甚严，他要求张之洞"以勤俭知礼为宗"，给他买了很多书籍，并聘请远近名师传授"乾嘉老辈诸言"，让他学习经学、小学、古文学、史学、经济之学。这其中，有3位老师对张之洞影响最大，分别是何养源、韩超、胡林翼。何养源是张之洞的启蒙老师，他满腹经纶、能书善画，是远近闻名的教书先生。韩超是直隶（今河北）昌黎县人，字寓仲，号南溪，传为唐宋八大家之首韩愈第 33 代孙，道光十四年（1834）副贡，兼有文韬武略。由于他屡立战功，不到 8 年时间，便由怀远知县升任黎平知府，进而记名道员，得授贵州粮储道，紧接着又升任贵州按察使。同治元年（1862），韩超被加布政使衔，获朝廷赐予的"武勇巴图鲁"称号，授予二品顶戴，升任贵州巡抚。3 位先生中，张锳的挚友胡林翼名气最大。张之洞 11 岁师从于胡林翼之时，胡林翼刚刚由京入黔，正在安顺知府任上，与同为知府的张锳关系交好。胡林翼，字贶生，号润芝，湘军重要首领，湖南益阳县泉交河人。他既是湘军大佬，又是湖北绿营的统帅，能文善武，懂经济，擅理政。胡林翼的为官之道和治学精神，深深影响了张之洞的一生。

　　"师傅领进门，修行在个人。"虽说老师们个个都是才高八斗、学富五车的学界大腕，但好学上进的张之洞却一丝也不敢懈怠，读书常常读到深夜，累了就伏案而睡，醒了之后继续再学。知府家的人脉关系、举人家的家教环境、老天赐与的过人天资，加上后天"只要学不死，就往死里学"的勤学品性，对于张之洞来说，破茧成蝶、一飞冲天是谁也摁不住的事了。他 4 岁入私塾，8 岁读完四书五经，9 岁开始习诗作文，12 岁时出版了《天香阁十二龄课草》，成为名噪一时的文坛小神童。一片叫好声中，只有张之洞的一个伯父送给他四字箴言："敛才勿露。"张之洞牢记心中，终身诵之。

与《伤仲永》里那个昙花一现的小天才不同，张之洞的神童之路才刚刚开启，接下来，这个貌不惊人的贵州伢子将不断带给世人新的惊喜。就在出版诗集的那年，张之洞从兴义府出发，取道湘湖，回原籍南皮县参加童生考试。一路上，这个从贵州山沟沟里走出的少年，好奇地打量着外面新鲜的世界，面对着眼前的大好河山，心中不时泛起将来"经营八表"的雄心壮志。考试的结果不出所料，张之洞考中生员，入县学继续深造。史书中对张之洞的这 3 年高中生活少有记载，但一定过得非常紧张、充实。这个养尊处优、众人呵护的公子哥远离亲朋，孤身一人回到人地生疏的故乡，与背井离乡又有何异？所幸的是，他把对亲人的思念，化为了学习的动力，后来的成绩证明了一切。

咸丰二年（1852），顺天府的乡试结果出来了，按照今天的标准，是爆出了一则完全可以上头条的新闻——15 岁的张之洞高居榜首，创造了中国科举史上的一个奇迹！他的考卷收入《顺天闱墨》，成为全国考生学习的范文。读过《范进中举》的人都知道读书人考中何其不易，多少人穷经皓首，一生也难以如愿。

何况，顺天府乡试解元的含金量要比其他地区高得多，因为除了直隶全省的考生，还有其他各省推荐的优秀学子。在高手如云、竞争激烈的考场上，一个 15 岁的孩子将众多的成人对手斩于马下，那是何等的意气风发！喜讯传至兴义府衙，张锳的喜悦自不必说，就连胡林翼等一干张之洞的老师也兴奋不已，学生有如此出息，老师们也自觉脸上有光。

乡试结束后，张之洞并没有急着返回贵州，而是住在北京他姥爷蒋策家中（蒋策的女儿蒋氏是张锳的第二任夫人）。咸丰三年（1853）的京城，表面上风平浪静，但紫禁城里的王公大臣们却坐卧不安——起事刚刚两年的太平军势如破竹，连克武昌、九江、安庆、芜湖，新历 3 月 19 日占领江南重镇江宁（南京），定为都城，改称天京。5 月，太平军出师北伐，天官副丞相林凤祥和地官正丞相李开芳等率领 2 万余人由浦口出发，奉命"师行间道，疾取燕都"。太平军即将兵临城下，京城岌岌可危，王孙贵族惶惶不可终日，老百姓也纷纷出城投靠亲友，躲避战乱。

再留在京城安心读书已不可能，此时，千里之外的贵州兴义府成了桃源之地。这年夏天，张之洞自通州出发，顺运河而下。一路上，张之洞心情极为郁闷。从小接受正统儒家教育的他，忠君爱国的思想根深蒂固，这让他对农民起义充满反感。更何况，这突如其来的"民乱"打乱了他的计划,让这位新科解元一时不知何去何从。一路上,他屡屡回望京城,不知何时才能返回,心中茫然若失。途中他写下了后来选入诗集中的第一首诗:

绮绣周原变水乡,误看秋稻作菰蒋。

泽鸿休怨无安所,且限南来丑虏狂。

经过长途跋涉,咸丰四年(1854)春天,张之洞回到父亲身边。让他万万没想到的是,此时的贵州也不太平。在太平军的影响下,各地农民纷纷揭竿而起。这年11月,起义军围攻兴义府城,张锳率部拼死抵抗。"打虎亲兄弟,上阵父子兵",张之洞和他的几个哥哥也加入守城的队伍之中,与父亲并肩战斗。最危险的时候,张锳下令在城楼上堆积柴草,准备一旦城破就点火自焚。后来,张锳决定放弃死守,放手一搏。他挑选精兵强将组成敢死队,趁夜色潜出城外,绕至敌军背后,发起突然袭击。在守城将士的配合下,将猝不及防的起义军打得落花流水。张锳乘胜追击,收复了失地,兴义又恢复了往日的宁静。这期间因为操劳过度,张锳身体每况愈下,严重的时候还会昏迷不醒。张锳自感时日无多,便抓紧时间张罗着张之洞的人生大事。

咸丰四年（1854）年末，在战事间隙，张之洞迎来了他的婚事。在一阵阵欢快的鞭炮和锣鼓声中，张之洞与贵州都匀知府石煦之女结为秦晋之好。石氏温柔贤惠，而且弹得一手好琴，两人感情极为要好。可是，新婚燕尔的张之洞还没有来得及享受小家庭的甜蜜，又跟随着父亲上了战场。原来，起义军卷土重来，已经打到距兴义府不远的普安县了。张锳看着一直跟随自己的儿子，心里泛起一阵愧疚，这可是一个读书的好苗子啊，不能老是跟着自己打打杀杀，这样会误了他的前程啊！所以张锳常常提醒张之洞读书学习，让他做好准备，在科举考试中再进一步。

咸丰五年（1855）秋，在张锳的催促下，张之洞带着妻子，取道四川、陕西，进京应试。与第一次出黔不同，18岁的张之洞成熟了许多，他亲身感受了时局的动荡，经历了战火的洗礼，他考取功名、为国效力的愿望更为强烈了。这一年，张之洞的长女张檀出生了。

咸丰六年（1856）春，张之洞参加了礼部招考觉罗官学教习的考试。觉罗官学，是清太祖努尔哈赤之父显祖叔伯兄弟和各支子孙读书的学校。在觉罗官学担任教习3年期满后可放为知县一类的官职。考试通过后，张之洞在京城等着补用，官学之缺没有等来，却等来了父亲去世的噩耗！作为一州知府，张锳一直恪尽职守，特别是近几年黔地局势动荡，"民乱"四起，年过六旬的张锳虽然身体欠佳，但依旧率领部属平息战事，不遗余力地为朝廷发挥着余热。后来身体实在难以支撑，张锳便请求解甲退休，可是上司见其忠勇可用，还打算再让他干几年。就在去世前不久，贵州巡抚还想调他去黔东镇远、铜仁两府镇压那里的起义军。咸丰六年（1856）新历8月25日，积劳成疾的张锳去世了。祸不单行，几天之后，起义军攻克都匀府，代理知府石均被杀，前知府鹿丕宗被迫自焚。石均是张之洞妻兄，鹿丕宗的儿子鹿传霖是张之洞的姐夫。接连失去3位亲人，张之洞伤心欲绝，心里又一次埋下了对农民起义痛恨的种子。

父亲去世之后，遵循时规，儿子应当在籍守制27个月。就这样，张之洞在家中度过了两年多的时光。守制期满，张之洞准备进京参加己未年（1859）的会试。

2. 两次踏进，一条河流

古希腊哲学家赫拉克利特说："人不能两次踏进同一条河流。"可是在张之洞的会试之路上，却非常巧合地"两次踏进了同一条河流"。准确地说，是连续4次踏进了两条"河流"。这两条"河流"，一条叫作张之万，一条叫作范鹤生。前一条河流，至少让张之洞唾手可得的功名延缓了2年；而后一条河流，虽然有些许波折，但最终还把张之洞送到了顺风顺水的仕途上。

张之万，字子青，号銮坡，是张之洞的族兄，也是一位神童级别的学霸。这位道光二十七年（1847）的状元，一直是南皮父老的骄傲，也是读书郎张之洞的偶像。这次会试，张之万恰好是同考官。在明清乡试、会试中，同考官相当于初评委，考生的卷子先由同考官初审，再加批后荐给主考官，最后由主考决定。此时，"朝中有人"反成了累赘，张之洞只好按例回避，放弃了这次会试。他勤耕书海，以图3年后再战。幸运的是，第二年春天，咸丰帝开恩科，临时增加了一次会试，张之洞兴冲冲赶到京城，却得知张之万仍是同考官！造化如此弄人！张之洞只好长叹一声，再次悻悻而归。

接连两次错失良机，让少年得志的张之洞深感郁闷，所以，即使是当时他的儿子张仁权出生，也没让他高兴几天。当然，让他心情不爽的，还有从京师不断传来的坏消息。这一年，英、法联军攻陷京城，火烧圆明园，咸丰皇帝如丧家之犬，一路逃到热河。眼看山河破碎，国将不国，张之洞写下《海水》一诗：

海水群飞舞蜃螭，甘泉烽火接令支。

牟驼一旅犹言战，河上诸侯定出师。

地孽竟符苍鸟怪，天心肯使白龙危。

春秋王道宏无外，狭量迂儒那得知。

这年秋天，张之洞来到济南，做了山东巡抚文煜的幕僚，在"四面荷花三面柳，一城山色半城湖"的泉城消磨着时光。

同治元年（1862）三月，张之洞整理行囊，再次入京会试。这一次，他踏进了内阁中书范鹤生这条"河流"。看到张之洞的试卷，范鹤生如获至宝、惊呼奇才，忙不迭地向主考官郑小山推荐，谁想萝卜青菜、各有所爱，郑大人耷拉着眼皮，对张之洞的试卷一点感觉也没有。会试虽然不中，但张之洞因为卷面整洁，字句工整，仍被录取为誊录第三名。张之洞是何等心高气傲之人，当然不肯去做那些替人抄抄写写的琐屑之事。当时正值捻军与太平军转战豫皖地区，朝廷饬办团练武装镇压，于是他跟随好友陆秉枢离开京城，南下河南，协助左副都御史、内阁学士毛昶熙督办团练、"围剿"捻军。

张之洞在河南没待多久，幸运之神就光顾了他：族兄张之万由礼部侍郎外放河南巡抚了。对这位才华横溢的小老弟，张之万一直心怀愧疚，要不是自己担任什么同考官，小老弟何至于混到如此地步？所以他上任的第一件事，就是把张之洞招至门下，给他安排了一份给朝廷写奏折的工作。那时地方官员向朝廷汇报工作，主要的方式就是奏折。官场上的人都知道，官员能干很重要，会说同样重要，甚至有时会说比能干更重要，所以大家都很重视奏折的质量，这直接关系到朝廷对官员的评价。这份工作正是张之洞的强项，他写的奏折观点明晰、切中肯綮，常常获得朝廷赏识。如《请厘定折漕疏》这份奏折，两宫皇太后看后十分满意，而且亲批"直陈漕弊，不避嫌怨，饬部施行"。当然，年轻人也少不了年轻气盛的张狂，张之洞在代写奏章时，常常忍不住加入自己的意见，对国家大事评头论足。对于这样的奏折，老谋深算、深谙官场之道的张之万自然是不能上报的，他半开玩笑地告诫张之洞：老弟啊，奏折写得很不错，可是你想说的这些话呢，等老弟你将来成了封疆大吏的时候再禀报朝廷也不迟啊！这份"省长秘书"的工作虽然时间不长，但对张之洞来说却是受益匪浅，他对官衙里的工作作风甚至潜规则都有了切身体会，也算是为他日后深耕官场提供了一次"预热"的历练机会。

同治二年（1863）三月，为了庆祝同治皇帝登基，朝廷决定再开恩科，于是张之洞再次赴京参加会试。巧的是，张之洞又踏进了范鹤生这条"河流"。上次范鹤生推荐张之洞不成，急得都掉下了眼泪，心里暗骂郑小山有眼无珠，懊恼地唉声叹气了好几天。这次看着案头张之洞的试卷，惜才如金的范鹤生不由得两眼放光，暗谢老天有眼！在范鹤生的力荐下，张之洞得中第141名贡士。范鹤生难掩兴奋，作诗抒怀：

> 一谪蓬莱迹已陈，龙门何处认迷津。
> 适来已自惊非分，再到居然为此人。
> 歧路剧愁前度误，好花翻放隔年春。
> 群公浪说怜才甚，铁石相投故有神。

来而不往非礼也，张之洞十分感激房师范鹤生的提携之恩，也作诗唱和：

> 十载栖蓬累，轮囷气不磨。
> 殿中今负辰，江介尚称戈。
> 一介虽微末，平生耻婵婴。
> 心衔甄拔意，不唱感恩多。

3. 早遇贵人，终生受益

接下来的四月复试，张之洞发挥出色，列一等第一名。最后一关是最重要的殿试对策。面对这决定命运的关键时刻，刚开始，张之洞还是中规中矩，但写着写着，张之洞就开始"不袭故套，指陈时政，直言无隐"。他直抒胸臆，批评"今日人材之乏，资格太拘、科目太隘致之也"；批评士大夫读书人"殚精毕世但攻时文，一旦释褐从政，律令且不晓，何论致治戡乱之略哉"；甚至批评"陛下慎重名器之深心，而臣窃以为过计"。当然，张之洞的聪明之处在于，他绝不会只停留在"挑毛病"的肤浅层面，他的目的是要借机表述他的政治主张，如"任人者治，任法者乱"，"夫杀一贼不如使民少增一贼之为功多也；求一良将不如选一良吏之为力易也，二者固宜深思而亟计也"。

8 位读卷大臣多为世故老吏，只喜欢四平八稳、遵循格式的官样文章。对于这样一份针砭时弊、锋芒毕露的答卷，自然认为太过张扬，大家一商量，想把张之洞放在三甲最后一名，谁想大学士宝鋆却十分赏识，他力排众议，把张之洞列为二甲第一名。殿试 3 天后，前 10 名的考卷呈送两宫，慈禧太后大笔一挥，把张之洞提为一甲第三名，张之洞高中"探花"，赐进士及第！关于慈禧太后之举，有人称其为"一时冲动"，这种说法未免草率。其一，西太后定是非常赏识张之洞的文章和才气，至少是部分认同张之洞文中的观点和主张。其二，西太后看过张之万的奏折，对负责起草奏折的张之洞、这位 15 岁的顺天府解元也有所耳闻，而且对有的奏折还作过批示。其三，最重要的一点，慈禧太后刚刚垂帘听政，急需培养年轻的可用之才。就在咸丰十一年（1861）八月，咸丰帝死于热河避暑山庄。不满6岁的载淳继位，他就是历史上的同治皇帝。载淳继位后，咸丰临终前任命的怡亲王载垣、郑亲王端华、御前大臣景寿、协办大学士肃顺，还有军机大臣穆荫、匡源、杜翰、焦佑瀛等"赞襄政务"八大臣，企图越俎代庖，执掌大权，遭到同样受咸丰托付负有治国理政之责的后党的抵制，两方产生矛盾乃至水火不容。同治帝生母那拉氏先发制人，联络恭亲王奕䜣发动了"祺祥政变"，摧毁了"赞襄政务"八大臣集团，处死载垣、端华、肃顺，两宫皇太后垂帘听政，后来逐渐演变为慈禧独揽朝政的局面。

其时，慈禧太后虽然掌握了清廷的最高权力，但仍受到慈安太后和奕䜣的制约。肃顺菜市口断头前的大骂犹声声在耳，她知道，自己选择的道路永远危机四伏。从长远考虑，她必须尽快培养自己的心腹之人。于是，26岁的慈禧太后，成为张之洞仕宦之途的"福星"，而这位"孝钦显皇后手擢之人"也投桃报李，一生追随。

四月二十八日，从新进士中选拔庶吉士的朝考于保和殿举行。张之洞是一甲第三名，已经取得翰林资格，这次考试他不过是陪考，因此毫不紧张，又考得一等第二名。五月初八，引见两宫皇太后，授翰林院编修。同治四年（1865）四月，张之洞参加庶吉士散馆考试，又列一等第一名。

福兮，祸之所倚。就在张之洞考场得意之时，五月，他的结发夫人石氏病逝于京师寓所。石氏对张之洞关爱有加，抚养儿女，孝敬老人，陪着张之洞东奔西走，饱受奔波之苦。回想十多年来的患难恩爱，如今自己即将步入仕途，正待一展抱负，封妻荫子，夫人竟撒手而去，不禁涕泪俱下。或许是太过悲伤，次年四月，张之洞参加翰林大考，竟发生卷面脱字之误。卷面脱字，乃科考大忌，出现这种低级错误，对久经考场的张之洞来说简直不可思议，但即使如此，他还是位列二等第32名。

张之洞十余年的科场之路结束了，回望过去，虽然有诸如两遇张之万和最后一试的遗憾，但总体上看，还是划上了一个圆满的句号。13岁乡试即成秀才，15岁会试荣登解元，26岁殿试题名探花，可谓少年得志，声名远播，成为天下士子人人仰慕的"小鲜肉"。也难怪李慈铭在《越缦堂日记》中说："近日科名之早者，盛推南皮张香涛。"

从此，张之洞告别了书生的身份，却带着一颗书生的心，踏上了长达46年的为官之路。

二、三省学官 一时清流

1. 初到浙江，一炮打响

从同治六年（1867）到光绪二年（1876）这10年间，除了有2年多时间在翰林院任职外，张之洞先后出任浙江乡试副主考、湖北学政、四川乡试副主考、四川学政等学官，担负起了为朝廷选拔人才的重任。

同治六年（1867）七月，张之洞被任命为浙江乡试副主考，与正考官张光禄一同前往杭州，主持浙江乡试。早就想在官场一试身手的张之洞非常看重自己的第一个实职，他十分清楚，这是朝廷对他的考察，自己的表现决定着仕途前程。于是，他拿出了十二分的热情，确保一炮打响。

清朝的科举舞弊是陈年积习，而江南地区尤甚。为了不遗漏一名优秀人才，对于乡试的考卷他全部亲自审阅，对于其他一些不重要的考试的考卷，他也大部分进行审阅。或许是受了自己曾经卷面脱字而影响成绩的教训，张之洞在阅卷的时候，并不注重考生文字格式这些表面现象，只要有真才实学，即使有的文章不合场规文律，他也照样录用。本来，浙江士人就对张之洞十分仰慕，期待着他来清除积习，主持公道，现在看他做事勤恳公正，都纷纷称赞："张之洞来浙江监考，实在是乡邦之幸啊！"虽然是副考官，但他的风头早已盖过了正考官张光禄。的确，这一年经张之洞之手选拔的优秀人才特别多，他们中有后来历任陕甘和两广总督的陶模、外交家袁昶和许景澄，以及著名学者孙诒让等。这一年的人才之盛，在浙江科考历史上可谓空前绝后。世间多见"千里马"常有，而"伯乐"不常有的情况，在感叹这些学子幸遇"伯乐"的同时，不禁为往届的优秀学子感到惋惜。

2.转战湖北，颇惬众望

果然如张之洞所愿，他在仕途上一炮打响。乡试一结束，他就被任命为湖北学政。学政的全称为"提督学政"，由进士出身的翰林院及各部门的官员充任，任期3年，为各省管理文化教育的高级长官，职别上与督抚同级。同治六年（1867）十二月，张之洞抵达湖北武昌。上任伊始，他就在奏疏中表明了自己的为政原则："学政一官不仅在衡校一日之短长，而在培养平日之根柢；不仅以提倡文字为事，而当以砥砺名节为先。"3年中，他走遍湖北各地，两次巡历所管州府，每到一地，他都训勉学子"端品行、务实学"，奖励学业优秀者，黜革浮华不实者，惩处徇私舞弊者。经过他的整顿，当地的士习学风得到很大改观。

为了更好地选拔人才，张之洞还对考试内容进行改革。原来新科生员复试，每次都要考经文一篇，有固定的格式限制。都是从五经中摘取一句或一段话，要求考生必须用经书中的语言作答，这无疑束缚了考生思想，限制了考生发挥。张之洞把经文改成经解，允许考生用自己的语言阐述观点。这样一来，那些有思想、有个性、有文采的考生便脱颖而出了。随着人才蔚起，学生增多，老牌名校江汉书院生员爆满，很多学子面临着无学可上的尴尬境地，张之洞初显他"实干家"的本色，将自己的养廉银悉数捐出，创办了经心书院，成为他一生办学的肇始。书院为我国封建时代的重要办学形式，始于唐而大兴于宋，一般由宿学名儒主持，选山林名胜之地为院址，以儒学经籍为主要研习内容，采用个别钻研、相互问答、集体讲解相结合的教学方法。经心书院带有极重的"张氏色彩"，并不教条地教授学生八股应考科目，而是注重学生综合素质的培养，强化经解、史论、诗赋、杂著的教育。张之洞在湖北的一番作为为他赢得了惜才重教的好名声，连曾国藩也称赞他为道（光）咸（丰）以来"颇惬众望"的好学政。

在湖北期间，张之洞还收获了他的第二次爱情。同治九年（1870）春，张之洞迎娶了他的第二任妻子——湖北按察使唐树义的女儿唐氏。关于唐氏，史书和文献上没多少记载，让后世的"好事者"有些遗憾。其实，笔者倒觉得这是张之洞之幸，平平淡淡才是真，有个不惹事、不多事、不出事的妻子多好，这才能让张之洞有时间和精力专心办他的大事。张之洞志在天下，他并不刻意追求轰轰烈烈的爱情，他的精力全在江山社稷与黎民百姓身上。可惜唐氏也无缘陪张之洞终老，两年之后（1872年年末），为他留下了个1岁半的儿子张仁颋就病逝了。

同治九年（1870）年底，张之洞任满回京，充任翰林院教习（学官名，庶吉士老师）。这期间，他与李鸿藻、潘祖荫、王懿荣、吴大澂、陈宝琛、李慈铭、王闿运等京中名流显宦走得很近。他们隔三岔五就聚在一起，聊聊诗，品品茶，下下棋，赏赏花，当然也少不了谈论一下国家大事。此时的张之洞，翩若一只云中鹤，过着悠闲的日子。当然，这期间，张之洞也不忘发挥自身特长向慈禧太后示好，时不时地刷刷"存在感"。同治十一年（1872）九月，张之洞参与编纂的《平定粤匪方略》《剿平捻匪方略》进呈朝廷，慈禧太后"览之，称为奇才"。同月，同治帝大婚，张之洞撰写乐章 4 章，同样博得了同治帝欢心，婚事办完以后，就赏给张之洞侍读衔。

3. 耕耘蜀地，扫尘过半

如果张之洞的人生照此延续下去，那中国不过是多了个舞文弄墨的文人雅士，或者只会动动嘴皮子的言官而已。但历史没有"如果"，能力越大责任越大，名声渐起的张之洞再负重任。同治十二年（1873）六月，张之洞被任命为四川乡试副考官，不久又被任命为四川学政。虽然同是一省学政，但四川的情况与湖北大不相同。这次的工作难度，可比治学湖北难得多，蜀地山高皇帝远，科举积弊非常严重。张之洞自己也清楚"此差殊非乐境"。他在给朝廷的奏折中这样描述："窃惟考试弊端，各省皆有，然未有如川省今日之甚者。弊窦日巧，盘结日深，几乎并为一局，牢不可破。士子以舞弊为常谈，廪保视渔利为本分，以致寒士短气，匪徒生心，讼端日多，士习日弊，于人才、风气大有关系。"的确，当时的四川学风败坏，找"枪手"替考的、涂改考卷编号的、买通考官的，甚至还有绑架考官、勒索钱财的，可谓已经到了乱象丛生、触目惊心的地步。

没有调查就没有发言权，为掌握第一手资料，张之洞不顾蜀道艰险，走遍了全省各地。他在给朋友的信中说："（蜀道）荒山绝壁，险不可言；舁夫颠嗟，从骑陨毙，不知凡几；水复山重，积雪迷途，惊心动魄。"但这一切都没能阻止张之洞的脚步。经过实地考察，张之洞对四川科场情况摸得清清楚楚，了然于胸。张之洞办事历来干净利落，他果断出手，坚决惩处了那些受贿的官员和一贯哄闹考场、政府不敢管的"钉子户"，并于光绪二年（1876）四月奏陈朝廷，有针对性地提出了整治四川科举积弊的8条措施。经过张之洞的铁腕治理，"盘结日深"的四川科场积弊基本得到清除，士林风气大为好转。连张之洞本人也颇为自信地说："四川督学署积尘盈屋，我次第扫除过半耳。"

在四川，张之洞继续着他的实干家本色。看到省城只有锦江书院一所高校，而且软件硬件都很落后时，他征得四川总督吴棠的同意，在成都兴建了尊经书院。张之洞从全省3万多生员中挑选了100名高才生，培养出了一批"通博之士、致用之才"，其中就有后来的

"戊戌六君子"之一的杨锐。张之洞要求学生精研儒家经典、广泛涉猎多种科目，再根据自己的兴趣和志向，选择两三门课程精学，最终的目的在于学以致用。张之洞对尊经书院投入了很多心血，公务之余，他常常亲自去给学生们上课，他还捐资购买了经史子集数千卷，建尊经阁庋藏。

蜀地偏处西隅，人文未盛，教学质量很落后。为了纠正很多学生的学习方式、方法，让他们面对浩如烟海的典籍不至于无从入手，迷惘眩惑，张之洞写了《輶轩语》和《书目答问》两书。《輶轩语》上篇语行，中篇语学，下篇语文，主要是他的治学经验和心得，解决的是如何读的问题。张之洞自认为这是非常实用的一本书："深者为高材生劝勉，浅者为学僮告诫，要皆审切时势，分析条理，明白易行，不为大言空论。"而《书目答问》则为学生们列出了应读书目2200余种，解决的是"应读何书"及"书以何本为善"的问题。后来，张之洞在《抱冰堂弟子记》一文曾讲过："任四川提学时，撰《輶轩语》二卷、《书目答问》四卷以教士，宗旨纯备，于学术源流、门径，开示详明，令学者读书即可得师。"可见张之洞对自己这两部书的水准十分自信，回忆起来，志得意满。事实也的确如此，这些原本为四川学子量身定制的教科书，很快从四川传到全国，深为学子和学界欢迎，成为张之洞所有著作中最有市场、重印次数最多的作品。

不知是不是巧合，这次张之洞治学四川，又寻到了他人生中的第三任夫人。光绪二年（1876）年初，张之洞到龙安府主持府试，没想到，在知府王祖源府上邂逅了王祖源的女儿、他的老熟人王氏。说起来也是缘分，王氏的哥哥王懿荣是张之洞在京城时的好朋友、好邻居，王氏随哥哥住在京城，早与张之洞相识。王氏知书达礼，善于作画，与张之洞互有好感。现如今，一人鳏居有年，一人待字闺中，经王懿荣的撮合，也就顺理成章地在一起了。

光绪二年（1876），张之洞任满要回京了，他突然发现了一个大问题——没有回去的路费了！在当时，即使是一个外放的县令，卸任回去的时候，所得财物也是"连十舸、盈百车，所得未尝不十倍于前也"，但张之洞在学政这个肥差上干了3年，居然把自己干到了无钱出门的地步！就在前不久，他刚刚推掉了朝廷给他的2万两参费银，这在贪腐成风的晚清官场上，实在是个异数。没有钱怎么回去？没办法，他只好忍痛卖掉了自己珍藏的"万氏拾书经版"才得以成行。回到京城以后，他的生活还是十分窘迫，甚至生日的时候连酒都买不起，王氏只好出去典当了一件衣服。想想"三年清知府，十万雪花银"的民谚，再看看张之洞为官的节操，不由得让人心生敬意！

贪赃受贿、枉法营私是封建社会官僚政治的通病。就清代而言，从顺治、康熙到雍正，吏治还算清廉，到了乾隆朝，各级官员贪腐之风盛行，及至嘉庆、道光两朝，贪风日炽，几无不贪之官。少有的清吏也在官场上孤立无援、生存艰难，被同僚讥讽为迂腐笨拙的傻子。

　　张之洞屡历要职，不缺发财的机会，但他却两袖清风、洁身自好，对不义之财分文不取。据《抱冰堂弟子记》记载，张之洞平生喜欢施予而不喜奢侈。他的穿着非常简朴，身上的朝珠、带钩、杂佩什么的，都是不值钱的东西。家里没有绫罗绸缎，房间里的帷幔、坐具，甚至他的内衣，都是用土布做的。还说他为官以来，不论走到哪里，从不用门丁，不收门包，不收馈遗礼物。他任山西巡抚时，有人知道他是爱书之人，尤其喜欢收藏珍稀善本书，就送给他宋本经史5种。藏书爱好者都知道，在古籍善本市场上，宋代刻本是公认的皇冠上的钻石，早在明朝时就有"寸纸寸金"之说。送书的人并没有提出太高要求，就是想在府里谋个一般的差事就行，可张之洞还是毫不犹豫地拒绝了。

　　当他做官越当越大，外面的诱惑也越来越大时，张之洞还是坚守初心，不讲排场，不事铺张，而且利用自己手中的权力，革除官场陋规，制约贪腐行为。

光绪十五年（1889），张之洞调任湖广总督，抵任之前，他就致电江夏、汉阳两县官员："十一月中旬到鄂，所有公馆及署衙供应，务从节俭，不得华奢繁费，不准用绸缎锦绣燕菜，不准送门包、前站礼。一切使费，所有到任供张，如有公款，勿过领款之数；如无公款，用过若干，开账照数发还，万勿故违。"

自出任学政到最终入值军机，张之洞为官40多年，没有像其他很多官员一样，在老家建豪宅、置田产。他去世后，家里一穷二白，只有万卷图书，连治丧所需的费用，也是门客、僚属一起凑的。

4. 初表忠心，力挺太后

阔别京城3年，张之洞回来的正是时候。其时，一个被称作"清流党"的政治派别正声名渐起。"清流党"是一个类似于明末东林党人的政治团体，由京城一些有名望地位而无实权实责，却敢于任事直言、净言不避权贵的言官们组成。当时，清廷有求言纳谏的态度，慈禧太后有"以清议维持大局"的政治考量，而面对时局动荡和官场腐败，那些自视清高博雅、谦介耿直的"清流"，又有弹指时政、参劾权臣的强烈欲望，所以他们常常"连为一气，封章交上"，形成一股"为人所惮""实有左右朝野舆论之权""举朝为之震辣"的巨大力量。

当时的"清流党"以协办大学士、军机大臣李鸿藻为魁首，周围有张佩纶、陈宝琛、黄体芳、宝廷、邓承修等得力干将。他们共同的主张是维护国权，力御外侮，改革弊端，政主清廉，尤其是在反对"洋务"方面，更趋一致。他们"以不谈洋务为高，见有讲求西学者，则斥之曰名教罪人，士林败类"。

"清流党"的不少骨干都是张之洞离京前意气相投的密友，张之洞载誉归来了，老友们自然敞开怀抱，欢迎他强势加盟。而张之洞加入此圈，正是如鱼得水。他火力全开，后来居上，迅速成为一只横冲直撞的"青牛角"，诚如他自己在诗中所写："虎豹当关卧，不能遏我言。"当时京师士人形象地称呼李鸿藻为"青牛（与'清流'同音）头"，负责指挥调度，张佩纶、张之洞各为"青牛角"，用以触人；陈宝琛为"青牛尾"，宝廷为"青牛鞭"，王懿荣为"青牛肚"，其余"牛皮""牛毛"就很多了。

光绪三年（1877）至光绪七年（1881），张之洞先后充翰林院教习庶吉士，补国子监司业，补授左春坊中允，转司经局洗马，晋翰林院侍读，充日讲起居注官，又转左春坊左庶子，补翰林院侍讲学士，这一串官职看起来眼花缭乱，其实都是些没有实权的闲差。4年之中，张之洞的主要精力就是"不避嫌怨，不计祸福，竟以直言进"，做一只合格的"青牛角"。张之洞对"清流党"这个称呼一直不予认可，他认为自己"唯其独立""群而不党"，但是对于"青牛角"这个称呼，张之洞却没有表达出不满。因为张之洞最喜欢的动物就是牛，他喜欢牛的负重致远，天性仁厚，忍辱前行，任劳任怨。

光绪五年（1879）闰三月，京城里发生了一件大事，吴可读死了！吴可读是谁？在他死前，恐怕认识他的人还真不多，他只是吏部稽勋司的一个主事。按说这个小人物的生死是没有多少人关注的，但吴可读不是正常死亡，是自杀！自杀也不要紧，要紧的是，吴可读还留了一封遗书（奏折），这封震惊朝野的遗书，让4年前的"继统"之争再度成为万众瞩目的焦点，也让刚刚坐稳位置，还没来得及歇口气儿的慈禧，又一次坐在风口浪尖上！

4年前，19岁的同治帝（载淳）因天花不治。同治帝无子，按照清朝的祖宗家法，应从皇族最近一支中选一男性晚辈继承皇位，但慈禧太后为了继续以太后身份垂帘听政，不惜违背祖制，立与同治帝平辈的载湉为帝（光绪帝）。为平抑沸沸扬扬的朝野议论，慈禧同时宣布，"俟嗣皇帝生有皇子，即承继大行皇帝为嗣"，意思是说等将来光绪帝有了儿子，就送给同治当儿子，将来继承皇位，以表正统。慈禧太后兄死弟继的做法自然招致不少非议，但大家都知道太后的心思，也惮于太后的脾气，没有人敢当面提意见。只有一个叫广安的侍读学士，写了一封奏折，对慈禧太后也没提什么意见，就是规劝太后再强调一下"立嗣"的原则，以免将来有人妄言更改继统问题。没想到，就是这样一封不痛不痒的奏折，却让太后大发雷霆，把广安吓得半死。4年过去了，光绪帝还没有儿子，给同治帝立嗣的事情也就无从谈起。光绪帝可以等，慈禧太后可以等，王公大臣可以等，全国人民可以等，可偏偏吴可读就等不得。历史就是这样有意思，有一些事情，当那些应当站出来、有能力站出来的大人物集体退场、失语的时候，却总有一些不起眼的小人物冒出来，做出惊人之举，如夜空中突然出现的彗星，留下转瞬即逝的光亮，让历史充满了或悲情或喜感的戏剧色彩。吴可读思忖再三，自觉人微言轻，如果按照正常渠道反映，肯定不被重视，弄不好还会惹祸上身，甚至殃及子孙。思来想去，这"拿着丫环的工资操着小姐的心"的小人物一咬牙一跺脚，罢了！我也不活了！

吴可读做出"尸谏"这样的极端之事，对4年前的"继统"之争再提非议，令朝野侧目。此事关乎王朝统绪，慈禧太后也不得不收起平日的"一言堂"作风，召令王公大臣"妥议具奏"。大家都知道慈禧太后的心思，但吴可读以身家性命为代价提意见，亦足可见其忠心，一时心中的天平左右摇摆，大多写一些模棱两可、含糊其词的折子，应付了事。正当慈禧太后心中焦躁，需要有人跳出来为她引导舆论、替她维护权益、为她辩解的时候，张之洞不失时机地出现了。他在奏折中先是表扬了吴可读一番，说他"至忠至烈"，然后又笔锋一转，开始为慈禧当年的做法辩解，说立载湉之举"出于两宫皇太后之意，合乎天下臣民之心"，"本乎圣意，合乎家法"。听到张之洞"援引经旨，侃侃谔谔"的一番宏论，百官也都心照不宣，随声附和，在一片唯唯诺诺之声中，这场政治风波很快烟消云散了。不用说，张之洞在关键时刻、关键问题上站出来力挺慈禧太后，让慈禧太后心里热乎乎的，不禁为当年把张之洞点为探花暗自庆幸。

5. 折正不阿，终翻陈案

在吴可读"尸谏"之事上，不管奏折表达的是不是张之洞的本意，在时人眼里，这个六品官员的表现，多多少少有一点向慈禧太后"献媚"的嫌疑。但接下来，张之洞在东乡案、午门案中，则表现出不畏权贵、刚正不阿的一面。尤甚是在庚辰午门案中，他直接站在了与太后对立的一面。他的作为，诚如自己所说：

"士人立身涉世，居官立朝，皆须具有气节。当言则言，当行则行，持正不阿，方可无愧为士。"

晚清官场腐败，官员欲壑难平，他们不顾百姓死活，疯狂敛财，常常要向百姓征收比政府法定税收多出五六倍甚至十几倍的苛捐杂税，而四川东乡（今宣汉县）知县孙定扬更是贪得无厌，又向每户追加了500文苛税。重压之下，民怨沸腾。光绪元年（1875），东乡百姓齐聚县衙，要求孙定扬体恤民情、减征税赋。看着门外群情激昂的百姓，孙定扬眼珠一转，计上心来。他向绥定府知府易荫芝报告东乡百姓聚众谋反，请求出兵镇压。易荫芝不为谎言所惑，派人到东乡了解实情，并且核减税额。孙定扬大为不满，一面向朝廷参劾易荫芝，一面越级上报四川总督文格。文格不问青红皂白，即令四川提督李有恒带兵"痛加剿洗"，半年之内，400多名无辜百姓惨遭杀戮！

谎言最终都会被揭穿，事情过后，朝廷也意识到此案确有问题，派人对事件进行了调查，但由于案子牵扯到多名高官，只是对肇事官员作出了降职、革职的轻微处理。光绪四年（1878）春，清廷下诏求谏，"清流党"的另一只"青牛角"张佩纶上奏请求再查东乡一案。拖到第二年，清廷才派礼部尚书恩承、吏部侍郎童华两人赴川复审。但复审的结果却出人意料：

维持原判，所有人不得再议！

400多人无辜丧命，朝廷却如此轻描淡写，让凶手逍遥法外，这让张之洞十分气愤。四川东乡惨案发生时，张之洞正在四川学政任上，对于惨案亦有耳闻，只是限于当时自己的身份和权力，他无法、无力出手相救。张之洞一直对此耿耿于怀，一直找机会为400多人申冤。现在，机会来了！他决心再次上疏，为民请命。

光绪五年（1879）五月十一日，张之洞一天之内连上《重案定拟未协折》《陈明重案初起办理各员情形片》和《附陈蜀民困苦情形》三折，详细说明了东乡惨案的来龙去脉，一针见血地指出东乡案的原因：惨案发生是由于滥杀。滥杀发生的原因是由于孙定扬诬叛请剿，诬叛请剿的原因是由于乡民聚众闹粮，聚众闹粮的原因是由于孙定扬违例敛财。张之洞的剑锋直指罪魁祸首孙定扬，奏请严惩孙定扬及相关责任人。张之洞的奏折引起了的朝廷的注意，当天即命令刑部重新审理此案。最后，朝廷认定东乡百姓系"闹粮仇斗，并非叛逆，众寨民并非叛党"；对孙定扬、李有恒处以极刑，对文格、恩承、童华及与此案有关的数十人，均给予惩处。延宕数年的东乡一案，终于沉冤昭雪，张之洞也因此而声名大震。

6.抗疏力谏，诤言回天

　　光绪六年（1880）中秋节前的一天，慈禧太后派太监李三顺带着8盒点心，去探望她的胞妹醇亲王福晋（即光绪帝生母）。清廷规定"凡阉人出入，例由旁门，不得由正门"，何况李三顺事先也没通报。李三顺走到午门时，被守城护军玉林拦下了。15岁小太监根本没把玉林放在眼里，看见有人阻挡，他一边骂骂咧咧，一边往外硬闯。看到有人吵闹，护军统领岳林、护军祥福、忠和等人也赶了过来。一方执意要过，一方坚决阻拦，双方数言不和便动起手来。推搡之中，食盒不知被谁撞翻，点心撒了一地。感到自己吃了亏的李三顺恶人先告状，立即向太监首领刘玉祥报告，刘玉祥旋即又呈报慈禧。慈禧闻言大怒，命令总管内务府大臣会同刑部，抓捕玉林，严刑审讯。老佛爷的话谁敢不听呢？众官员都不敢忤逆慈禧，将玉林等3人抓入大牢，准备把玉林发至吉林当苦差，其他两位或充军，或圈禁。处理结果呈报慈禧太后后，太后十分不满，认为处罚太轻，非要办成死罪不可。大臣们都明白，此事责任不在护军，禁门重地，本该严密盘查。如果办成死罪，如何服众？那要万一激起众怒，守城的兵士不干了，说不定会引发严重的群体性事件。死刑不能判，老佛爷那里还要过关，没办法，只得加重处罚："玉林、祥福着革去护军，销除本身旗档，发往黑龙江充苦差，遇赦不赦，忠和着革去护军，改为圈禁5年，均着照拟枷号加责。护军统领岳林着再交部严加议处。"这个结果一公开，立刻引来一片非议。照例办事的护军遭到严办，而违例出入午门的太监毫发无损，如此偏袒不公，如何能够服众？路见不平一声吼，张之洞这只"青牛角"又准备出击了，不过这次出手，他拉上了"清流党"的又一干将，他的好哥们"青牛尾"陈宝琛。

两人按照事先的商量分头草疏，同时呈上。陈宝琛的奏折，主要是为护军辩护乞恩：如果太监随便说一声奉旨出行就可以自由出入，那午门的护军、门禁都形同虚设！同时，陈宝琛委婉地指出，现在的处罚措施过重，那些措施都是用来对付十恶不赦的强盗杀人犯的。他还担心"四方"和"后世"不知事情的来龙去脉，会对太后产生很多的误解。这话表面是为太后着想，其实暗含警示。他请求太后改判，宽宥护军，以显仁德之心。而张之洞的奏折，对护军只字不提，只言阉臣之祸，不仅提到了历史上的太监作乱，而且列举了近期宫中由于太监失察而发生的两起事件，提醒太后防范太监：您这次这样处理，下一步太监必然有恃无恐，护军也不会再严格执行规定，说不定会有太监假借上命私自出入，指不定会生出什么事端来呢!

张之洞和陈宝琛一唱一和，终于说服了慈禧太后，作出了如下处理：改判玉林杖一百，流两千里；祥福杖一百；忠和杖一百，圈禁两年，加责三十板；岳林免交部议。太监李三顺，着交慎刑司责打三十板，首领太监刘玉祥，罚去月银 6 个月。至此，"枢臣莫能解，刑部不敢讯"的难事，竟被张之洞与陈宝琛的两道奏折解决，颇令人称奇，誉之为"诤言回天"。

7. 外争国权，促成改约

内恤民愿，外争国权，是清流中人思虑所系。对于张之洞，前者有平反东乡冤狱，后者则首推改订"中俄条约"之议。

张之洞是一个不折不扣的爱国者，在中外战争中一直持强硬态度，是坚决的主战派。在那个"讲势不讲理"、弱国无外交的年代，他身上那种威武不能屈的大丈夫气节、反抗侵略的铮铮铁骨难能可贵。

同治十年（1871），新疆发生了叛乱，沙俄趁乱出兵，占领了伊犁。第二年，清政府派伊犁将军荣全索要，沙俄拒不归还，谎称"只以新疆回乱未靖，代为收复，权宜派兵驻守。俟关内外肃清，乌鲁木齐、玛纳斯各城克复后，当即交还"。光绪三年（1877），左宗棠率部平息叛乱、收复了被阿古柏侵占的领土，沙俄却自食其言，仍然托词不还。光绪四年（1878），朝廷派三口通商大臣崇厚出使沙俄，商议索还伊犁之事。

在"清流党"眼里，崇厚就是个成事不足败事有余的主儿，他们不明白朝廷为什么会把这么重要的事情托付给他。他虽然与外国人打过几次交道，但根本不具备一个合格的外交官的素质。张之洞向朝廷建议，让崇厚出使之前先到新疆实地考察，听一听左宗棠的意见，可是未被采纳。

崇厚的出使成了一个彻头彻尾的笑话，不过对中国来说，是一个笑不出来的笑话，崇厚也因此被称为中国有史以来最无能的外交官。在去圣彼得堡的途中，崇厚于巴黎会见了驻英法公使郭嵩焘，一番交谈之后，郭嵩焘断言此人必会坏事——崇厚对谈判毫无准备。很快，朝廷也意识到他们选错了人，在崇厚发给北京的地图上，有一些地名都是错误的！在沙俄，不懂外交、准备不足的崇厚彻底蒙圈。俄国人一会儿对他高接远送，奉若上宾，一会儿又对他爱答不理，冷若冰霜，搞得他一会儿天上一会儿地下，不知如何应对。

光绪五年（1879）九月，崇厚在沙俄的胁迫和愚弄下，不经请示清政府，就擅自与沙俄代理外交大臣格尔斯签订了《里瓦几亚条约》。根据条约规定，中国仅收回伊犁孤城一座，却要割让伊犁周围大片领土，赔款 500 万卢布（折银 280 万两），并对俄开放 3 条商路，允许俄国在天山南北路免税通商。更让人匪夷所思的是，当总理衙门对条约草案提出质疑时，崇厚竟称条约已不可更改，未等朝廷作出进一步批示，他就率团径自回国了！

在朝野上下一片反对的声浪之中，唯有李鸿章站出来为崇厚鸣冤叫屈，他认为崇厚是奉旨出行，当然有权见机行事，现在条约已定，若是无故毁约便是授人以柄。他还说，条约行之虽有后患，若不允行，后患更亟。清流派一向反对李鸿章的妥协外交，见他抛出这番论调，更激起群情激愤，张之洞更是一马当先。光绪五年（1879）年底至光绪六年（1880）一年多时间里，张之洞前后上疏 20 余次，陈说条约之害，辩驳李鸿章，要求严惩崇厚。

张之洞的奏折引起了慈禧太后的重视。按照清廷的规制，太后一般不亲自召见四品以下的官员，但她还是决定要见一见这个她亲点的"探花"。面对太后，张之洞侃侃而谈，他精确地分析着边境时局，提出了许多修改条约的具体建议，让太后深以为然。于是，太后特地准他随时可以到总理衙门建策，张之洞摇身一变，成了总理衙门的座上宾！

光绪六年（1880）五月，朝廷派曾纪泽出使俄国，重新谈判，此时，列强因清廷毁约并处理崇厚大为光火，不断施加压力，出言恫吓。张之洞又连续上奏，建议清廷不惧强权，针锋相对。虽然这些建议有不少书生之见，但一片爱国赤诚，天地可鉴。

光绪七年（1881）二月，经过几个月你来我往的激烈交锋，双方签订了《中俄伊犁条约》。虽然这仍然是一个不平等条约，但与《里瓦几亚条约》相比，中国还是挽回了部分权益。在一贯软弱的晚清外交历史上，这次改约议成，可以说是一次不小的胜利。如此结果原因固然是多方面的，但"清流党"人，尤其是张之洞的多次建策，显然也起了重要作用。

京城 6 年，张之洞作为"清流党"的主要干将，屡屡出手，让人刮目相看。盛名之下，他的官运也步入快车道，光绪七年（1881），张之洞跃升内阁学士兼礼部待郎，成为慈禧太后信任的二品官员，而且，他很快就要再上台阶，成为手握实权的封疆大吏了。

三、铁腕抚晋　标本兼治

1. 主政山西，受命危难

光绪七年（1881）年底，张之洞被任命为山西巡抚，成为手握实权的封疆大吏，开始主政一方。张之洞的这次升迁，固然有李鸿藻等人的推荐之功，但更重要的还是慈禧太后对他的赏识。在京城，这只清流党中的"青牛角"纵横捭阖，锋芒毕露，似乎无所不能，如果放在"实战"中会有怎样的表现呢？看来，慈禧太后是想试一试这只"青牛角"独当一面的真本事了。

对于这次职务变动，张之洞心里也非常兴奋。这6年京城时光，虽然每天想着国家大事，忙着为主分忧，表面上看过得很充实、很过瘾，但毕竟自己只是个没有实权的闲官。理想很丰满，现实很骨感，虽然身为清流大将圈粉无数，可张之洞的志向远不在此。他一直在寻找机会，寻找一个能够把自己心中所想付诸现实的更大舞台。可朝廷中这么多官员，这么多关系户，大家都眼巴巴地盼着有朝一日手握实权、升官发财呢，什么时候能轮到自己呢？没想到这么快，机会就来了。

100 多年前提起山西，人们首先想到的是贫穷、落后。当时，山西吏治败坏、民生凋敝、烟患横行，是个让当权者头疼的烂摊子。张之洞自己也清楚，太后给自己的这个舞台肯定不会那么亮丽光鲜，自己的山西之任，可谓受命于危难之际。前路坎坷，他已做好了打一场恶战的准备。

张之洞到达时，山西全境刚刚经历了一次历时两年的大旱，赤地千里，颗粒无收，"草根树皮剥掘殆尽，愚民易子而食"，全省有近 1/3 的人被饿死。正如张之洞在赴任途中所见："民生重困，吏事积疲，贫弱交乘""堂堂晋阳一派阴惨败落气象，有如鬼国。"但这一切恰恰激起了他改变现状、励精图治的决心。一到太原，他就给朝廷写了《到山西任谢恩折》，畅谈了自己治晋的初步设想："当以课吏安民之道，先为深根固底之图，垦荒积谷以厚生，节用练兵以讲武，至于盐铁理财之政，边屯固圉之谋，苟为势所便而时所宜，岂敢辞其劳而避其怨，惟有虔禀懿训，奉宣皇仁，期无负公正之特褒，一扫因循之锢习。"提完设想之后，他也没忘向朝廷表一下忠心："身为疆吏，固犹是瞻念九重之心；职限方隅，不敢忘经营八表之略。庶殚驽钝，少答鸿慈。"张之洞本来就文采出众、善于夸谈，新官上任，说几句豪言壮语，表一下雄心壮志也在情理之中，不料却因"经营八表"一语节外生枝，惹出些许是非来。世上本无是非事，是非皆因是非人。慈禧太后看了折子倒没说什么，但那些曾经与"清流党"或者张之洞结怨的人见到"经营八表"一语，仿佛抓住了张之洞的小辫子，他们到处说，八表即为天下，张之洞说自己要经营八表，岂不是要篡权谋反吗？要是雍正、乾隆爷还在，非砍了他的头不可！其实国有"八表"，省也有"八表"，张之洞此言，是想表明他要在山西这一亩三分地上做好分内之事。这些人如此断章取义，实在是别有用心。这些流言蜚语传到张之洞耳朵里，他只是淡淡一笑："那些京城里的大人们向来看不起我的所作所为，他们爱怎么说就怎么说吧，我管不着他们，他们也管不着我。"

在晋时间一长，张之洞就发现，事情远比他想象的复杂得多。"吏事、民事、兵事，应急办之事多极。"有的时候，他想找下属了解一下真实情况都很难，很多事情盘根错节。你想要整治一事，必须与其他事情通盘考虑，如此一来，办事的难度大大增加。一晃半年过去了，张之洞克服了各种困难，想方设法摸清了山西的情况。光绪八年（1882）六月，他经过深思熟虑后写就《整饬治理折》上奏，提出要"抉去病根""培养元气"，必须"表里兼治"，规划了务本以养民、养廉以课吏、去蠹以理财、辅农以兴利、重士以善俗、固圉以图强六个方面的"晋省要务二十事"。奏疏很快得到朝廷批准，于是，张之洞在山西惩贪官、减摊派、清财政、禁烟患、劝农桑、兴教育、办洋务、整盐务，开始了大刀阔斧的改革。

2. 整肃吏治，抉去病根

张之洞履新山西，老百姓无不拍手称快，期待着这位京城名士有一番作为，让他们有地种、有饭吃、有衣穿，但也有人惴惴不安。谁？当然是那些贪官污吏。对，他们的预感没有错，张之洞早已瞄准了他们。在张之洞眼里，整肃吏治是治晋第一要务，只有"贤否不颠倒，功过有黑白"，才能官风清正。试想，如果各级官吏都能做到奉公守法、一心为民，那天下百姓自然就会安居乐业，何患天下不太平？要说山西最大的贪官，当属长期担任布政使并曾代理巡抚的葆亨，还有与葆亨蛇鼠一窝的冀宁道员王定安。这葆亨是旗人，不仅朝中有人，而且深为前任巡抚曾国荃宠信。他经营山西官场多年，在山西建立了从上到下、盘根错节的关系网，形成了根深蒂固的利益集团，几任巡抚对他们的所作所为心知肚明，但出于这样那样的想法，没有人出手去捅这个"马蜂窝"。正不压邪时，邪气自然增长，正是由于这二人的带动，山西官场才腐败成风、积重难返。初来乍到的张之洞想要扳倒这两只"大老虎"，难度可想而知。一时间，有说情的、有威胁的，真是好言与恶语共舞，马屁与板砖齐飞。张之洞是任尔东西南北风，我自岿然不动。他派得力助手、太原知府马丕瑶挂帅，排除干扰，很快查清了葆亨、王定安利用职权滥放银钱、挪用公款、侵吞朝廷赈灾款项等犯罪事实。待证据确凿，他一纸奏书，让这些贪官污吏落了个革职充军的下场！张之洞的行动震慑了山西官场，"大老虎"都倒下了，那些"苍蝇"自然战战兢兢，收敛了许多。张之洞明白，要让这些官吏真正听话，光靠吓唬不够，靠他们自觉也难，得给他们立规矩，给他们人人戴上"紧箍咒"。他发布公告，对全省官员进行考核，根据考核情况，又一口气参免了9名州县官员！9名知州知县同时被免，山西官场又一次感受了张之洞的铁腕，全省官风士气为之大变。

让贪官污吏不敢贪还不够，张之洞还采取裁差徭、清摊捐、撤"水礼"、减"公费"等措施，让贪官污吏不能贪。张之洞发布公告，要求全省大小官吏遵纪守法、清正廉洁，上报国家厚恩，下为百姓造福。张之洞在四川时，曾经历蜀道艰难，而山西的道路，也被很多人视为畏途。不同的是，蜀道之难属于自然原因，而晋路之难，却是人为因素。其时，各州县在道路要冲设置收费站，对过往车辆、牲畜按数收税，名曰"差徭"，实与要"买路钱"的强盗行径无异，致使外省商旅望晋兴叹，不敢挪足。张之洞下令全省裁减差摊、撤除路关，做到"不取民间一钱，不扰过客一车"。经过治理，昔日冷冷清清的路上出现了车马接轸的热闹景象。另外，对于在山西官场通行的"公费"陋规，张之洞也下令大力裁减。所谓"公费"，是指上一级官府因财政入不敷出时，就由下属供奉银两。张之洞带头将省署每年19550两的"公费"减至6400两，如此一来，各道、府、州、县也进行了大幅裁减。还有，对于过去大家习以为常的下属给上司"馈送摊捐"的惯例，他也严令禁止。

池盐是山西的传统行业，生产历史可追至尧舜时期。元代以后，随着海盐区域的增加，池盐开始萎缩，但山西仍是全国池盐的重要产区。盐政关系国计民生，历来官府管辖甚严。大凡有利可图之事，必有贪官如逐臭之蝇一拥而上。张之洞来到山西时，管理盐务的大小官差层层盘剥，贪索严重。张之洞严令池盐产区官员，只准收取国家规定的税厘，其余捐派一律停止。他手制章法13条，明布官差和商人，既约束了官差，也给了商人监督和举报的权利。

一连串的"组合拳"，让山西官场清风徐来，老百姓的负担也减轻了不少。

3.清查财政，摸清家底

山西官场混乱，财政管理也很混乱，乱到什么程度呢？在张之洞到山西之前，就有33年没有清查过！也就是说，从道光二十九年（1849）到光绪八年（1882），山西的历任巡抚，没有一个人清楚自己掌政的山西家底！

33年不查财政，当然不能简单地归咎于官员的懒惰，真正的原因，怕是惮于里面藏着的"猫腻"。这届巡抚不查上一任，下届巡抚不查这一任，你不查，我不查，大家心照不宣，彼此相安无事。如果一查查出点什么来，那不是等于自己跟自己过不去吗？

要是张之洞不来山西，这笔糊涂账还不知道拖到什么时候呢。

而现在张之洞来了，他下决心清查账目，不仅要借机打一下老虎苍蝇，还要摸清家底，好让自己这个新的当家人心中有数，这样才能多为老百姓办点实事，尽可能地减轻那些老百姓身上的重负。

说干就干！张之洞自己亲任监督，以藩臬两司为首，调来马丕瑶、李秉衡等一干精兵强将，成立了清源局，下设会计、拨款、筹防、报销、善后、交代、裁摊、工程八科，各科分工明确，责任到人。面对如山陈牍，张之洞还制订了《山西清查章程》，即使以今天的眼光看，这个包括 21 条内容的清查方案，也是非常全面、详细、有条理，把清查的任务、项目、要求、方法说得清清楚楚，既有宏观的指导意义，也有很强的可操作性。张之洞还发出公告，对于这 33 年中交替的官员，要求他们在规定的时间内把任职期间的账目交代清楚，还清拖欠、亏空的公款。

经过一年多细致繁杂的工作，光绪九年（1883）年底，张之洞终于将这笔糊涂账查了个水落石出：省库原存银 218 万余两，新收银 15523 万余两，支出银 15821 万余两，实存银 72 万余两，各项欠款 152 万余两。通过查账，葆亨、王定安等一批贪官浮出水面。其中一笔葆亨截留的各省赈济山西灾民的 22 万余两抚恤金，张之洞拿来修建了粮仓，既救济了因灾无粮的老百姓，又起到了平抑粮价、打击囤粮居奇的奸商的作用，可谓一举两得。

4. 访求人才，招贤纳士

　　山西财政积弊被彻底查清，张之洞当然应记头功，但还有一个人，从中起了很大作用，这个人就是时任户部尚书的阎敬铭。

　　张之洞主政山西之时，老家陕西大荔的阎敬铭正赋闲在山西解州（今山西省运城市解州镇）。这阎敬铭可不是一般人，他是三朝元老，曾任户部主事、湖北按察使、布政使、山东巡抚等职。阎敬铭为官清正，铁面无私，而且在理财算账上很有一套，朝廷印象和百姓口碑都不错。可是，他一个陕西人，怎么跑到山西来了呢？原来，阎敬铭的老家遭遇黄河水灾，房屋尽毁，无处可居，就搬到了解州。谁承想，一次很正常的移居，却招致了政敌诋毁，说他趁山西大旱之际囤地，大发不义之财。阎敬铭无端受到攻讦，内心十分委屈，而此时朝廷也没有及时站出来为他说句公道话，制止流言、澄清事实、还他清誉，这让阎敬铭大为不满。一气之下，就谎称身体有病不去官衙理事了。阎敬铭在解州过着优哉游哉的生活，可紫禁城里的慈禧太后却没有忘记他。张之洞履新山西之前向慈禧太后辞行，太后嘱他"留心访求人才"，并让张之洞去打探一下阎敬铭的真实情况，劝他出山。从慈禧太后的言辞上，张之洞预感到太后对阎敬铭颇为器重，请他出山必予重任。暗忖自己即将成为地方大员，想要有所作为，必须仰仗更多有才干的支持者，便将这事牢牢记在心里。

说起来，张之洞与阎敬铭还颇有渊源，他们有一个共同的恩人胡林翼。胡林翼是张之洞最尊崇的授业恩师，同时他也是阎敬铭的伯乐。当年，时任湖北巡抚的胡林翼非常赏识户部主事阎敬铭的才干，奏调他到湖北任职，并向朝廷举荐其为湖北按察使、布政使。胡林翼称阎敬铭为奇才，如做法官将"弄律有准"，如管理财政则"必无欺伪"。张之洞到达山西后，即对阎敬铭进行了一番打探，他向朝廷报告说："阎敬铭为官清廉，所谓在山西囤地发财之说纯属子虚乌有。他一直爱国忧民，每当和人谈及时事艰难和百姓困苦，他都忍不住泪流满面……"张之洞还派马丕瑶拿着他的亲笔信到解州拜见阎敬铭。阎敬铭早闻张之洞大名，而且自己与张之洞同出胡门，心里便有了些亲切感，又看到这封信言辞恳切，满怀深情，不禁大为感动，欣然应允出山。不久，慈禧太后即任命他为户部尚书。户部的职能大致相当于今天的财政部和民政部，张之洞在山西清查财政，阎敬铭作为上级主管部门的主要领导，在京鼎力支持。清查工作结束后，阎敬铭又将张之洞的做法当作成功案例推向全国，为张之洞赢得了不少赞誉。

说到访求人才，张之洞在山西任上，又破了一项纪录。他向朝廷呈送《胪举贤才折》，一次举荐59人！在中国历史上，还从来没有哪位大臣单次向朝廷推荐这么多优秀人才！别的官吏举荐人才往往只讲老乡和派系，但张之洞举贤不唯亲，也不避亲，不分地域，唯才是举。这些人中，有他的好友至交，也有素不相识的陌生人。张之洞总结归纳了每个人的性格特点、擅长，预测了今后的发展方向，由此可见张之洞的胸襟。慈禧太后依张之洞所荐，基本上任用了这批人才。不用说，这59个人又织就了一张为张之洞所用的关系网。

为了解决山西人才匮乏的困境，张之洞面向全国招揽英才。特别是对于急需的洋务人才，更是求贤若渴。他安排手下印制了《延访洋务人才启》，公开招聘熟知天文、算术、水利、地理、格物、制器、公法、条约、语言、文字、兵械、船炮、矿学、电气等方面的人才，承诺不管是跨专业的复合型人才，还是精于一技的专业型人才，都会妥善安排，量才任用。

5. 禁绝烟患，痛除痼习

山西老百姓食不果腹，固然有诸如遭逢大旱这样的"天灾"之故，但更重要的，是晋地遍种罂粟、不植庄稼的"人祸"。

罂粟是一种神奇的植物，那艳丽的花朵犹如身有魔法的妖女，让爱者欲死欲仙，恨者咬牙切齿。它的出现，如打开的潘多拉魔盒，让这个世界充满了不安与动荡……

在中国人的记忆里，鸦片是一把剑，一把深深刺入中国人心里的剑。19 世纪 40 年代，正是这堪比坚船利炮的商品撬开了中国的国门，掠夺了中国的大量财富，损害了中国人的身心健康，让中国丧失了独立自主的地位，沦为半殖民地半封建社会，掀开了中国近代饱受屈辱的一页……

林则徐虎门销烟，大长了中国人的志气，却没能挡住鸦片的进袭。第二次鸦片战争失败后，鸦片成为合法的进口商品。既然鸦片贸易合法化了，那么吸食、种植和生产加工自然也就没人管了。山西历来烟患严重，各县州府遍植罂粟，士农工商俱嗜烟毒。鸦片开禁，烟害更加横行无忌，吸食者"四乡十人而六，城市十人而九，吏役兵三种几乎十人而十矣"，一时间，官不修其职，民不勤其业，晋地一片乌烟瘴气，也难怪张之洞入晋不久，便感叹"晋患不在灾而在烟"了。

张之洞一直对于这种"废人才，弱兵气，耗财力"的东西深恶痛绝，早在四川学政任内撰写的《輶轩语》

中，他就认识到鸦片的危害："世间害人之物，无烈于此……伤生耗财，废事损志，种种流弊，不忍尽言。"如今他主政山西，面对如此局面，怎能坐视不管！光绪八年（1882）十一月，张之洞制订了禁种罂粟、禁食鸦片的方案，决心对烟患这个历年痼习痛加拔除。

不同于对待贪吏的强硬态度，对这件事关老百姓利益的大事，张之洞采取了刚柔并用的政策。首先，他挑选了一批在当地有威望、有号召力、无吸食鸦片嗜好的乡老，让他们负责组织、推进和宣传，让每一户农民都知晓政府禁烟的意义和政策。其次，由于农民种植罂粟的收益要比种粮高出好几倍。为了减少他们的损失，张之洞一面劝诫百姓退烟还耕，一面引导、鼓励百姓种植桑麻、花生等经济收益相对较高的作物。对于主动拔毁自家罂粟的，政府给予一定补贴。最后，他还兴修水利，为农作物有一个好的收成创造条件。另外，他还告诫官吏，在禁种罂粟过程中要循序渐进，多多注意方式方法，禁种要先从肥沃之地再到贫瘠之地，先从中心地区再到边角地区。要把工作做到前头，在罂粟播种之前就禁止，不要等到罂粟开花之后再拔毁，以免激成事端。

张之洞对老百姓怀柔，但对于官吏要求甚严。他知道，好多官员都从种植、销售罂粟中大发横财，现在断其财路，他们一定会想方设法弄虚作假。他告诫各级官员，现在考核官员政绩的唯一标准就是能不能禁绝鸦片。对于能够禁绝的，明令表彰；对于阳奉阴违、顶风而上的，绝不姑息手软，一律撤职严办！

在禁种罂粟，堵住烟患"源头"的同时，张之洞又频频出招，断绝烟患"后路"。他下令将省城烟馆一律关停，不留一家。对于已经染上烟瘾者，设立戒烟局，聘请医生进行药物治疗。如果还不能戒掉，官吏撤职严惩，兵勇开除军职，士子不准赴试。

在张之洞的强力推动下，山西禁烟很快收到了效果。各地种植罂粟的数量锐减，有的地区完全净绝。

张之洞治理下的山西，出现了一种有意思的现象，在省城太原，最热闹的地方不是商铺酒肆，而是戒烟局！由于张之洞严厉的禁烟态度和措施，迫使全省各地的瘾君子纷纷前去就医购药。一时间，戒烟局前络绎不绝的瘾君子，成为太原一景。

6.转身洋务，初试身手

从小深受中国儒家思想浸淫的张之洞，在他任职山西巡抚之前，对洋务运动是没有多少兴趣的。当然，他不像其他"清流党"一样那么偏激，对凡是言洋务者不分青红皂白就一棍子打死。在山西这段时间，自己忙于惩处贪官、清查财政、禁种罂粟、整顿盐务等事，一刻未闲。可现在看一看，整个山西，还是没有摘掉贫穷落后的帽子，老百姓的生活，好像也没有什么大的起色。看来，儒家思想只能教化于民，要想真正解决山西的民生问题，让老百姓过上盼望已久的好日子，还真得向曾国藩、李鸿章这些"洋务派"学习，兴办企业！此时的张之洞，终于认识到"洋务最为当务之急"。当然，对当时的张之洞来说，办企业这样的事情，也只是想想而已，至于具体怎么做，他还没有想好。不过不要紧，历史总是充满着机遇和巧合，一个名叫李提摩太的外国人，适时地出现在张之洞的视野里。

李提摩太是一个英国传教士，准确点说，这一个"不安分"的传教士来中国，不仅仅是为了向中国民众推销他所信奉的"上帝"，而是更热衷于与中国官员接触。在他眼里，这个古老的东方大国已落后于时代，他有责任用自己掌握的先进思想和知识去救赎这些手握一定权力的人，以期通过他们改变中国民众的思想观念，开启民众的心智。在此之前，李提摩太已经见到了山东巡抚丁宝桢以及左宗棠、李鸿章等高官，向他们介绍世界形势、推介洋务，得到了他们的重视。

光绪三年（1877）山西大旱之时，李提摩太来山西赈灾，见到了时任山西巡抚的曾国荃。他向曾国荃提出了"以工代赈"的方案，建议通过开矿、办企业、办学堂等措施改善民生。为了说服曾国荃，尽快促成这些措施的落地，他还向曾国荃提交了一份开办洋务的可行性研究报告。可惜曾大人虽然欢迎李提摩太来送钱送物送温暖，却对所谓洋务无甚兴趣，李提摩太的方案，被他扔到一边便再也不闻不问了。

张之洞认识李提摩太，正是因为这份早已被人遗忘的方案。

一个偶然的机会，张之洞在省府的档案室里发现了李提摩太的方案，有了办洋务的想法却不知从何入手的张之洞不禁两眼放光，只是他没有想到提出方案的居然是位外国人。管不了那么多了，他立即派人去找李提摩太。

去见张之洞之前，李提摩太有些忐忑，有些紧张，他不知道这位巡抚大人为什么找他。这段时间他挺失落的，给曾国荃的方案石沉大海，听说来了一位新巡抚，他本想寻找机会前去拜见，但又听说新任巡抚是"清流党"的大将，"清流党"素来与洋务派水火不容，自己何必再去碰一鼻子灰呢？这段时间，有些心灰意冷的他正准备收拾行李回国呢。

让李提摩太没想到的是，眼前这个貌不惊人的官员对洋务表现出浓厚的兴趣，他似乎有问不完的问题，如同饥饿的人扑在面包上一样。

这是张之洞第一次和老外在一起进行深入交流，对于从小只接受中国经史子集的传统文化熏陶的张之洞来说，他想了解的实在太多了。李提摩太给他打开了一扇认识世界的窗子，而且改变了他多年来对外国人的看法。与那些荷枪实弹攻入北京城、占我国土、烧毁园林、抢掠国宝、走私鸦片、攫取暴利的英国人不同，眼前这个金发碧眼的老外身穿对襟马褂、头戴长辫假发，操一口流利的汉语，看起来相当友善和谦和，言谈举止很中国化。他们谈到国内外形势，谈到宗教，谈到上帝与孔子，当然谈得最多的还是西方的科学知识、英国的工业革命以及在山西兴办洋务的构想……"塞外番僧，泰西智巧，驾驭有方，皆可供我策遣"，张之洞心里的一把火被李提摩太点燃了。

山西地处北陲内陆，人们的思想观念闭塞落后，张之洞让李提摩太每月在省城开办一次讲座，为开展洋务运动"预热"。李提摩太向官员学子们讲解天文、地理、医药卫生等科学知识，还现场演示磁石吸铁、氧气助燃等科学试验，让观者无不拍手称奇、眼界大开。

经过多次与李提摩太的深入交谈，张之洞对兴办洋务有了自己的想法。他认为山西已经起步晚了，风气未开，洋务罕习，必须"依照兴办，极力讲求"。他聘李提摩太为洋务顾问，并于光绪九年（1883）四月成立了洋务局，负责兴办洋务实业。

现在的人都知道，要想富，先修路。张之洞的认识要比我们早得多。山西多山地丘陵，交通极为不便，如要办企业，运送原料与产品，必须要交通畅通。张之洞在任期内，打通了北向、东向两条道路。一条是太行北道，那是条老路，唐宋时期尚可通行，只是后来由于自然灾害导致淹堵，直至废弃不用。山西大旱之时，全省只有大山深处的潞安、泽州（今山西长治、晋城一带）两地的庄稼收成尚好，却因道路阻隔无法支援他地，让人心急如焚却无计可施。张之洞沿着老路的旧迹，移木清草，填坑平地，打通了潞安、泽州两府与北邻几府的通道。除此之外，张之洞又修通了山西榆次至直隶获鹿之间的公路，这条路全长约190千米，穿行于险山峻岭之间，尤以"四天门"的施工难度为最大，张之洞调来军队开山填谷、拓宽路面，终于在光绪十年（1884）四月竣工通车。建成后的公路可并行两辆马车，成为连接山西、直隶两地的主要通途。

山西的手工冶铁行业历史悠久，也形成了一定规模，但在成本低、质量好的进口铁的冲击下，渐渐走向没落。张之洞认为钢铁依赖进口非长久之计，不仅让老外赚去了白花花的银子，最终还要受制于人。于是，张之洞上奏朝廷，请求开办山西铁矿，意欲重振当年雄风。当时，山西出产的铁主要销往东部沿海地区，为了降低运输成本，张之洞上书朝廷，请求改变运铁只能走陆运而不能走海运的陈规，允许北方的铁从天津装船出海。本来，钢铁行业是张之洞非常看重的洋务重点，但这个行业又是最耗费财力、精力和时间的。正在张之洞步步为营、稳扎稳打之时，却因为朝廷的一纸调令，使炼铁一事无奈搁浅了。

张之洞虽然是个文官，却深知军队的力量。通过与李提摩太的交谈，让他更清楚地明白了一个事实：中国军队在装备上、军事素质上已远远落后，要维护大清的统治，必须建立一支使用洋枪洋炮的部队，这样才可以对外抵御列强、对内镇压起义。原先的想法只是纸上谈兵，现在他是地方大员，建立一支近代化的武装，不仅是为国着想，也是为了山西的安定。当时驻扎在山西的军队主要是以汉人士兵为主的绿营，战斗力不强。光绪九年（1883）年初，张之洞上奏朝廷，请求在山西编练新军，可朝廷却没有同意。张之洞知道朝廷担心什么，不久他又上奏折，说明了自己办新军的理由：各省之中，山西的绿营最腐败，最不中用，一旦有了战事，根本起不到应有的作用。他训练新军，不仅仅为了山西的安全，全国各地需要军队时，都可以调用。可见，他以后编练自强军的举动，早已萌发。

张之洞在山西任职两年多的时间里，竭尽心智，勉力而行。总体来说，受资金、人才和任职时间较短等条件制约，张之洞在山西开办洋务的动作还不是很大，效果也不是特别突出，但是这段经历，为他以后大兴洋务积累了经验。

四、纤筹决策 抗法援越

1.书生统兵，执掌帅印

光绪十年（1884）四月，张之洞突然接到朝廷让他交卸山西巡抚、进京陛见的谕令。这让张之洞颇感意外，一时间心里涌上壮志未酬的遗憾！在山西仅两年半的时间，很多事情刚刚起步，有的尚在筹划之中，张之洞实在不想离开山西。最近这段时间，他正为两件事着急上火，一是晋北七厅改制之事悬而未决，一是面对法国犯边、政府御敌之策迟迟未出。先说这七厅改制之事，晋北的归化、萨拉齐、丰镇、宁远、托克托、林格尔、清水河等七厅，长期以来一直被满蒙贵族所统治，他们各据一地，骄横任行，俨然是独立王国，不受省里控驭。本来这事他可以不管，历届巡抚不都没管过吗？可张之洞就是个不怕事、爱管事的人，为了巩固晋北地区的统治秩序，为了更好地发展当地的经济、文化，偏偏要去动别人的奶酪。光绪九年（1883）九月，张之洞上奏《筹议七厅改制事宜折》，提出了七厅官员由专用旗人改为满汉统用、考核厅员政绩、清查田亩、重编户籍、修筑驿道、广兴学校等建议。这下不啻捅了马蜂窝！这些满蒙贵族是清朝的特权阶层，向来骄矜蛮横，在他们眼里，张之洞这人纯属"没事找抽型"的多事之人！他们立即联手抵制。张之洞毫不示弱，又上奏书，一针见血地指出了绥远城将军丰绅、归化城副都统奎英等人阻挠改制的真正原因：他们如此气急败坏，正说明他们心里有鬼！正说明我抓住了他们的软肋，戳到了他们痛处，正说明改制阻碍了他们恣意营私的勾当，断了他们的财路！矛盾进一步升级，这些人见张之洞态度如此坚决，也设法相对，奎英等人编造谣言，蛊惑不明真相的民众集体反对，给张之洞施加压力。张之洞的眼里怎容得下如此小人行径？光绪十年（1884）三月，他又上《密陈奎英阻挠边事片》，怒怼对手。见双方你来我往、各不相让，朝廷处理起来也犯了难，一方是为国为民、忠心可鉴的地方大员，一方是与自己同宗同族、利益攸关的既得利益集团，双方似乎都不能得罪，这可如何是好？那就拖吧！于是朝廷压下张之洞的奏折不予回复，就像他们压根没收到这奏折一样。迟迟等不来朝廷的答复，张之洞知道朝廷从中和起了稀泥，心里又急又恼。要不是收到了朝廷的调令，以张之洞的脾气，绝不会收手，定会再放大招。可惜，一出龙争虎斗的好戏，因朝廷突至的一纸调令而降下帷幕了。

让张之洞寝食难安的，还有另一件大事——中国南疆燃起了战火。法国侵占越南，并且妄图以此为跳板，进一步侵略中国。这事本来和地方大员张之洞关系不大，如果他不跳出来，别人也不会想到他那里去，想不到他那里去，他就还会在山西继续干下去。可张之洞偏偏就是个喜欢出头的人。张之洞虽然人在山西，可向来心系天下、忧国忧民。他一直关注着山西以外的地方，关注着整个中国的时局。其时，西方列强争相围猎中国，法国也不例外。法国的老大哥英国依靠强大的海上霸权横行世界，在中国攫取了巨大利益，让法国眼红得不得了。因为在普法战争中战败，法国不得不向德国割地赔款，眼睁睁地看着自己在欧洲的霸权地位被德国取代，法国又郁闷得不行。在欧洲遭到重挫的法国，急于在海外找个软柿子捏一捏，赢得一场胜利，以建立自信，实现扩张。于是，法国把魔爪伸向了越南。越南一直是中国的藩属国，法国此举等于公然叫板中国。清廷作为越南的宗主国，本该是有责任有义务保护越南的，可大清国本身危机四伏、自顾不暇，哪里还有能力出手相助呢？单凭越南一己之力，又如何能挡住法国大军的碾压？同治元年（1862），越南被迫与法国签订了《越法柴棍条约》，即第一次《西贡条约》。同治十三年（1874），越南又与法国分别签订了《越法和平同盟条约》，即第二次《西贡条约》和《越法商务条约》。通过签订不平等条约，法国"合法地"取得了对越南的"保护权"，越南沦为法国的殖民地。为了独霸越南，法军向驻扎在越南境内的清军开战，把他们几乎全部赶回了国内。越南成了法国侵略中国的海外基地，法国人不断寻找着通往中国南疆的交通要道，其狼子野心昭然若揭，中法大战就在眼前。

面对来势汹汹的法国，清廷内部存在着"主战""主和"两种意见，还有人主张"先作势欲战，而以和为归宿之地"。在战与和的态度上，每个官员因所处的地位和考虑问题角度的不同，表现出不同的心态："统兵者每耻言和，奉使者每不欲战，谋疆者不轻开衅，任地方者不愿通商。"张之洞虽不是统兵者，可他是一个不折不扣的爱国者，所以在对待来犯之敌的问题上，历来旗帜鲜明地主张抗击侵略，坚持"守四境不如守四夷"的战略构想。他强烈主张出兵越南，支援越军及黑旗军，拒敌于国门之外，以夺取战争主动权。在山西巡抚任上，张之洞面对法国的咄咄逼人之态，给朝廷上过5篇奏折，有的提出了应对法军的建议，有的给朝廷举荐能够守土御敌的可用之才，有的与主和派辩论，有的督促朝廷放下观望态度，尽快根据时局作出决策。虽然这些奏折内容不同，但无一例外地饱含着他的一腔爱国热情。其中在《法衅已成敬陈战守事宜折》中，张之洞说："防不如战，近不如远，迟不如早，而要以争越、封刘、战粤、防津为四大端"，提出了17条战守事宜，并且建议朝廷派兵入越，帮助刘永福的黑旗军与法军作战，同时封刘永福官职，配送精良武器和钱款物资。

刘永福是黑旗军的首领，广东钦州（今属广西）人。黑旗军本是一支与朝廷作对的农民起义武装，因使用七星黑旗而得名。因为清军的围剿，走投无路的黑旗军逃到了越南北部，逐渐发展成为一支很有实力的队伍。法军侵占越南，自然也影响到黑旗军的立足，所以在越南国王的请求下，黑旗军与越军并肩作战，多次击败法军，成为越南境内抗击法军的重要力量。同治十二年（1873）年底，黑旗军击毙法军将领安邺等数百人，收复河内。光绪九年（1883）四月，又在河内城西纸桥一战中，击毙法军司令李维业中校。刘永福因战功卓越，被越南国王授予三宣副提督之职，负责管理宣化、兴化、山西三省。

刘永福本是朝廷眼中的"反贼"，朝廷意欲除之而后快。作为统治阶级的中坚力量，作为效忠朝廷的一代忠臣，张之洞内心也很仇视农民起义。正是农民起义，让刚中解元的他被迫离京，人生之路一时不知何去何从；正是农民起义，让他的父亲在兴义城头差一点点火自焚，以身殉国；正是农民起义，夺去了他的几位亲戚的生命……但是，与大多数朝廷官员不同的是，张之洞是一个爱国的、开明的政治家，当外敌入侵之时，他能够以国家利益为重，将"御外"置于"制内"之上。对于抗击法军的刘永福，他说："我敬佩他为中华民族扬眉吐气，所以保护他，为他说话。"而在以后的日子里，作为两广总督的他，也对抗法有功的刘永福和黑旗军给予了很多帮助和保护。

张之洞的主战言论，得到朝野上下很多人的响应，其中有两个重量级人物的支持，大大增强了主战派的力量，也在一定程度上左右了慈禧太后对于战争的态度。一位是时任两江总督兼南洋大臣的左宗棠，一位是时任驻英公使的曾纪泽。特别是70多岁的左大帅，强烈要求亲率军队上场杀敌！一时间，主战派形成一股强大的舆论攻势，直指以"兵单饷匮"为由逃避战争的主和派代表人物李鸿章。

现在回望那段历史，其实主战派与主和派并不是泾渭分明、非此即彼、水火不容的两个阵营。主战的曾纪泽对于外界"李主和、纪主战"之说并不认可，认为不过"传闻异词而已"。他批评李鸿章在对法交涉中的软弱、忍让与妥协，但同时又认为李鸿章做事老成持重，"不欲轻启衅端"。他自己虽然多有主战建议，但慎思之下，仍不敢轻言开战，所以镇南关大捷、临洮等战役胜利后，曾纪泽也同样支持抓住有利时机与法国议和。

不管别人的心思如何，张之洞是铁了心与法国兵戎相见了。这一点，慈禧太后看得最清楚。关于是战是和，慈禧太后也是左右摇摆，一时拿不定主意。不战吧，她也知道法国的狼子野心，一味退让只能让敌人的胃口越来越大，最终断送大清江山。战吧，面对洋枪洋炮，大清的大刀长矛确实难有胜算。何况，现在还有一个最让她头痛的事：千军之中，一帅难求。本来，张之洞力荐李鸿章挂帅，她也有意让李鸿章担此重任，可这个老狐狸却不想离开他的老巢，也舍不得他的北洋水师，便以身体不好为由推托。而左宗棠虽有杀敌豪气，毕竟年事已高，若是让他领兵出战，岂不被洋鬼子哂笑我中华无人？慈禧太后心中数计着满朝文武，不由得愁眉紧锁，这些平时只会溜须拍马的家伙，多为绣花枕头，难当重任。想来想去，慈禧太后想到了山西巡抚张之洞。既然张之洞主战态度如此坚决，而且对于如何作战多有考虑，那就让张之洞上吧！这样也能让他从与北方七厅官员纠缠的泥淖中拔出脚来。对，就是他了！

张之洞病了，当然不是被吓病的，也许是朝廷的谕令打乱了他的"生物钟"，也许是两年多的体能透支恰好在此时向他讨要一点"利息"，他病在从山西到京城的路上。张之洞是个典型的"夜猫子""工作狂"，少年时就养成了夜深静读的习惯。在山西，他每天凌晨 1 点起床，凌晨 3 点开始办公，早上 7 点开始接见下级官员。这种作息时间搞得下属苦不堪言。甚至有人以他"晨昏颠倒、作息无时"为由向朝廷启奏弹劾他。

没办法，张之洞因病只好在直隶获鹿休养了几天，没等痊愈，就强撑病体上路了。他知道，京城里的慈禧太后正等着他呢！果然，张之洞一进京，慈禧太后就召见了他。慈禧太后先向他询问对中法之战的看法，然后不紧不慢地告诉张之洞：这事，与你关系很大。

关系到底有多大呢？得知朝廷安排自己署理两广总督、主持对法战务时，张之洞的第一反应是这事太大了！太大了！！当时清朝有 23 个省，设 8 大总督。其中以管辖北京、天津、河北的直隶总督最为重要，管辖江苏、安徽、江西的两江总督次之，而以位置偏远、经济落后的陕甘总督、云贵总督列后。本来，两广总督的位置与闽浙总督、湖广总督、四川总督等差不多。但现在，燃起的战火使两广成为朝野上下关注的焦点和战略要地，所以两广总督的位置又重要了许多。

朝廷托此重任，足见对自己的倚重，也遂了自己一腔报国宏愿。可是自己不是傻小子，不是愣头青，这里面的责任，可不是一般人担当得起的。所以，由巡抚升任总督，他没有一点升官的喜悦，心里还有些惴惴不安。是啊，太难了，这可不比主政山西，那个再难，也是国门之内的事，而这次，是要面对强敌，真刀真枪地保家卫国啊！这可是关系到江山社稷、国家生死的大事啊！自己一个文人，没有带兵打仗的经验，面对实力远在自己之上的敌人，取胜几乎就是奢望。向来看重名节的张之洞可不愿成为历史罪人、留下千古骂名啊！再说，山西那边的情况刚刚有些起色，张之洞还想着回去继续大干快干呢！可是，任凭张之洞怎么说，慈禧也不为所动。

也罢，张之洞心一横，牙一咬，在光绪十年（1884）五月十八日那天，离开北京，从天津乘船奔赴广州。

张之洞曾经在京城、湖北、四川、山西等地任职，加上他少年时生活的贵州、河北皆为内陆地区，而今，他"万里赴戎机"，却要经过一望无际的大海。瘦小的张之洞站在轮船上，海风吹拂着他早生的白发，他的内心也像大海一样波涛汹涌。前路坎坷，张之洞颇有些壮士一去、慷慨赴难的豪情。

一路上，张之洞心事重重。千头万绪，从何入手呢？对，当务之急就是集中精力。"以忠义激士民，以重赏鼓勇士，以和衷联诸将，以广听收群策"，众志成城，打好对法这一仗！

2.悉心调和，将帅齐心

张之洞到广州，有一个人很尴尬、很郁闷。谁？前任两广总督张树声。按说后任到了，前任应该另行安排工作才是，可朝廷却令张树声原地不动，协助张之洞加强广东防务。朝廷如此安排，让张树声十分不满。张树声是淮军的主要将领，光绪五年（1879）就担任了两广总督。他和张之洞并无多少交情，相反，由于张之洞一贯与他的老领导李鸿章作对，他从心里也很排斥张之洞。还有一笔账，张树声也记在了张之洞头上。张树声丢官的一个原因是他负责督战的徐延旭和唐炯吃了败仗，朝廷追责，殃及自身。这徐延旭和唐炯都是张之洞的亲戚，也是张之洞在山西任上向朝廷举荐的人才。按说张之洞推荐他们也没什么不对，这两人都在越南边境任职，熟悉那里的地形环境，而且有着多年的从军作战经验，特别是唐炯，曾经与太平军的翼王石达开交过手。可让人没想到的是，这两位爷均是"内战内行，外战外行"，面对法军的进攻，两人不战而退，让敌人轻易地占领了阵地。张树声心想，老子被你的人坑了，你却升了官。升了官也不要紧，偏偏要来两广抢老子的饭碗，这叫什么事？！于是，张树声派他的儿子进京告状，要求朝廷追究举荐人的责任。对于张树声的小动作，张之洞心知肚明，可他不想激化矛盾，一来自己刚到两广，很多事情离不开老总督张树声的支持；二来大敌当前，如果将帅失和，内乱掣肘，这仗就没法打了。何况，他需要解决的，还有张树声与身边另一位重量级人物的矛盾。这位重量级人物名叫彭玉麟，是湘军的元老级人物、湘军水师的创建者。这两人一为淮军、一为湘军，本来井水不犯河水，但由于广东的军事地位日渐显要，加上朝廷认为张树声办理防务不善，就令彭玉麟去广东会筹防务。张树声当然不愿意彭玉麟这个外人在自己的地盘插一杠子。在此之前，朝廷提拔彭玉麟为兵部尚书，他借口身体不好坚辞不就，这恰好给了张树声一个整倒彭玉麟的借口。于是他又派张华奎进京，参劾彭玉麟一贯"抗旨鸣高"，请求朝廷这次一定要让彭玉麟服服帖帖地去上任。这话倒也不假，之前，朝廷曾提拔时任安徽布政使的彭玉麟担任安徽巡抚，后来又提拔他署理两江总督，加上这次，彭玉麟都找借口推辞不就。张树声告状的目的是想让朝廷强令彭玉麟进京赴任，这样他就来不了广东了。但张树声的如意算盘落空了，朝廷还是把彭玉麟派到了广东。朝廷知道两人不和，就没让彭玉麟驻守省城，而是让他率领4个营的湘军水师驻守在琼州（今海南岛）。

张树声与彭玉麟两帅的矛盾张之洞早就知道，所以对于涉及两人事务的工作，他都特别用心，做到一碗水端平，不偏不倚、不厚不薄。就拿广州防务来说，前路、中路、西南三路，张之洞安排彭玉麟、张树声各担一路，自己负责一路。这样的安排，既使彭、张两人势力均等、责任均担，又把两人都放到与自己等同的位置，这让3人的关系有所缓和。

就在张之洞正想办法进一步改善张树声与彭玉麟，张树声、彭玉麟与自己的关系时，他收到了朝廷让他会同彭玉麟调查张树声的谕旨。原来，有人奏参张树声失职、徇私，同时被参的还有张树声手下的几个知府、副将。看着朝廷转来的5份奏折、1份奏片，张之洞陷入了沉思。如果据实查证，张树声恐怕难以全身而退，这样做的结果就是张树声被撤职查办。临战损将，对于广州防务来说，不能不说是一个严重损失。张树声的事是个人的小事，可广东的防务是国家的大事，眼下大敌当前，最重要的是精诚团结、同仇敌忾啊！想要救张树声，彭玉麟的态度很重要。想到这里，张之洞拿起笔来，给彭玉麟写了一封信。在信中，张之洞以晚辈谦恭的口气，恳求彭玉麟不计前嫌，以大局为重，放张树声一马，大家团结一心，共御外敌。相对于张树声，彭玉麟心里对张之洞倒有几分亲近，别忘了，湘军大佬胡林翼可是张之洞的老师啊。彭玉麟不是一个睚眦必报、心胸狭窄之人，见张之洞有如此胸襟，他也同意在这个节骨眼上拉张树声一把。

当张之洞把朝廷转来的奏折交到张树声手里的时候，张树声不由得心里暗暗叫苦、身上阵阵发凉。想起自己平日里对张之洞、彭玉麟的所作所为，心里后悔得不得了。早知今日，何必当初啊！现在，小辫子就抓在别人手里，只好任人宰割了！可是，张之洞出人意料的一番话，却又让他感受了冰火两重天的滋味。张之洞对他说，老兄啊，你不要有什么思想负担，不要分心，现在大敌当前，你全力办好你的中路防务就行了。至于奏折上说的这些事呢，我和老彭会替你摆平。今后，咱们哥仨得拧成一股绳，共同打败法国鬼子！听到张之洞说出这样一番话来，张树声顿时感动得热泪盈眶，赶忙拉着张之洞的手一个劲地道歉表决心。

光绪十年（1884）八月，张之洞向朝廷上奏了关于张树声的复查报告，分13条对张树声的"问题"逐一进行了说明与澄清。尽管张树声确实存在着拒绝越南请援、指使张华奎干预公事、排挤彭玉麟等问题，但张之洞还是竭力为张树声"洗白"，几乎是将参劾的问题全部驳回。在奏折的最后，张之洞评价张树声"素行谦谨，久历封疆，刻意自爱。服官各省类皆孜孜求治"，而之所以招致非议，全因别人"妄生猜忌"。事情如此处理让张树声完全打消了对张之洞、彭玉麟的不满，3人齐心抗敌，形成了将帅之间"毫无意见之参差"、部队之间"毫无畛域之间隔"的备战局面。让人遗憾的是，我们没能看到3人联手与法军一战的一幕，就在张之洞呈上奏折10天之后，张树声便因病去世了。可以说，张树声是带着对张之洞的感恩之心离开人世的。

3. 筹济闽台，不分畛域

张之洞的到来，对稳固广东防务确实起到了很大作用。他甫一上任，就立即投入紧张的备战事务之中，"咨之同官，访之将吏，综核军费，计画饷需，按考舆图，劝督团练"，忙得不亦乐乎。他制订出总体防务蓝图，规划了省防、琼防、廉防、潮防四大要塞。琼防即海南防务。海南岛四面环海，一旦遭到法军攻击，只能孤立防守，张之洞命令琼州镇总兵吴全美全力防守，并尽可能多地储备粮食弹药。为了便于指挥调度，张之洞还设置了自康州府到海南岛的海底电报线。廉防即廉州（广西合浦一带）防务。廉州紧邻越南，是法军伺机登陆的凶险之地，张之洞命令当地官员招募士兵、扩充部队。他还在廉州、钦州之间架设电线，方便两地战时与省城情报往来。潮防即潮州（今广东平远一带）防务。潮州处于战争的最前线，张之洞要求重点做好汕头的防务。而对最关键的省防即广州防务，彭玉麟、张树声和张之洞分别镇守前路、中路、西南三路。张之洞亲自巡视水师炮台、陆军营垒，加强防守的薄弱之处。他看到虎门两岸炮台年久失修，一时又难以改造，就决定新购洋炮。在钦州、廉州、琼州等地，结合地势，又增修了20多座炮台。对于军队无力顾及的分支河口，命令各县编练民团，雇募沙艇，购觅民炮，择要而守，相机而战。张树声去世后，张之洞与又与彭玉麟商量，及时调整了省防部署，在要害位置均配备了能征善战的将士守卫。

张之洞紧锣密鼓忙着备战，但广东沿海却暂时风平浪静。原来，法军看到广东防务相对坚固，转而把魔爪伸向了防守相对薄弱、与之相邻的福建和台湾。

光绪十年（1884）闰五月二十三日，法国舰队以"游历"为名，大摇大摆地进入福建水师驻地——马尾军港。此时，在福州主持海防的是张佩纶，对，就是张之洞的好哥们，"清流党"中的另一只"青牛角"。他怎么跑到福州来了呢？

　　原来，就在张之洞在山西巡抚任上为抗击法军大声疾呼的时候，张佩纶、吴大澂、陈宝琛哥几个在京城也没闲着，他们纷纷上书言战，言辞激烈，情绪激昂。也不知慈禧太后怎么想的，是想把他们打发出去让自己耳根子清静些呢，还是真相信他们有统兵御敌的真本事，总之一道圣谕，将吴大澂派到李鸿章手下"会办北洋事宜"，将陈宝琛派到曾国荃手下"会办南洋事宜"，明眼人都看得出来，有李、曾两位大佬在，这两人去了也发挥不了大作用。张佩纶就不同了，他分明感到了朝廷对他的重用，他被授予三品官衔，派往福建"会办福建海疆事宜"。福州此前并无专管海疆的官员，所以张佩纶此去，名为"会办"，实际就是手握实权的"海军司令"。张佩纶自然兴奋得小辫朝天，他早就想和张之洞一样建功立业了。

　　也许是被过度的兴奋冲昏了头脑，张佩纶赴任途经天津的时候，神差鬼使一样，去拜访了李鸿章。按照张佩纶的想法，是想向老前辈讨教治军之道。可看到登门求见的张佩纶，李鸿章气不打一处来。这些年，李鸿章对清流党是又恨又怕，自己干点什么事，总是遭到他们的死缠烂打。他正想沉下脸来训斥张佩纶一番，但转念一想，立刻换上了一副笑脸：为了让张佩纶到了福州"不惹事"，这个老狐狸要给张佩纶"洗脑"

了！李鸿章拉住张佩纶的手，既和颜悦色又语重心长：
"小张啊，这些年，别人都说我李鸿章是个软骨头，只
知道求和，可他们哪里懂得我的心思啊！我李鸿章岂
是贪生怕死之人！问题是以咱们现在的实力，想要和人
家过招，那就是拿鸡蛋碰石头啊。人家打咱一拳咱不还
手，假以时日，咱练成神功，还有反败为胜的机会。可
要是现在和人家硬拼，那就是死路一条，你想想人都没
了，咱连翻本的本钱都没有啊！所以小张啊，想要保住
大清江山，保住福州水师，我送你八个字：暗中协力，
保全和局！"后来的事实证明，李鸿章的这番话没有白
说，张佩纶还真被李鸿章"忽悠"了。

　　面对来者不善的法国舰队，一向豪情万丈、动辄
言战的张佩纶也没了破釜沉舟、决一死战的勇气。他
不作实际准备，而是传达了不准先行开战，违者虽胜
必斩的命令。他向李鸿章求援，李鸿章却回电说："北
洋轮船皆小，本不足以敌法之铁舰大兵船……断难远
去，去亦无益有损。"李鸿章此言荒谬之极，当时北洋
水师是中国最强大的海军力量，养兵千日用兵一时，
大敌当前，岂能袖手旁观？国家有难，怎能坐视不顾？
可惜李鸿章却将北洋水师视为私产，患得患失，罔顾
全局。反观张之洞，得知兄弟有难，立即派游击方恭
带5营军兵、枪1400支、饷银10万两自汕头出发增
援张佩纶。可惜未等增援部队到达，福建水师已遭法

军突袭。根据战局变化，张之洞又改派潮军 2 个营，携带大批武器装备赴闽作战。对于张之洞的及时支援，张佩纶非常感激，复电称"公忠私义，不愧经营八表矣……使各省皆如公，法气必沮，惜哉！"

其时，张之洞的日子也不好过。刚刚升任两广总督，他的手头很不宽裕，前任张树声只给他留下了 50 万两白银，还是从香港汇丰银行借来的。这些钱充其量也只能维持广东军队 3 个月的开销，而广东布防的压力很大，还需要大量的资金。张之洞在自己财力捉襟见肘之时，对张佩纶还是一次次地伸出援手。张之洞的行为与李鸿章相比，境界、人品高下自见。他以国事为重，"筹济军事，不分畛域"的做法，实在让人钦佩。

七月初三上午，迫不及待的法军终于露出了强盗的嘴脸，他们将战书送到福州总督府，声明 4 小时后开战。让人匪夷所思的是，如此重要的消息，闽浙总督何璟居然没有立即通知福建水师。等张佩纶接到情报时，已经离开战不到 2 小时了。"笔下虽佳，武备未谙"的张佩纶当下大惊，急忙找来福州船政局法文翻译魏瀚，让他立即去见法军司令孤拔，商议改日再战。只可惜魏瀚行至中途，法舰已大炮齐鸣。一贯只会在嘴上和笔下指点江山的张佩纶哪见过这等阵势，吓得撒腿就跑，一口气跑出 20 多里才敢停下来喘口气。可怜福建水师，猝不及防之下遭到重创，11艘军舰被击沉9艘，死伤官兵700余人，经营十多年的福州造船厂也毁于一旦。曾经牛气冲天的张佩纶难逃临阵脱逃的罪责，一时成为万夫所指。昔日同僚或落井下石，或上书弹劾，避之唯恐不及，唯有来自张之洞的慰问，让他感到些许温暖。不久，张佩纶即被朝廷革职，发往察哈尔（今河北省张家口）充军。

福建水师突遭法舰攻击，可谓事出有因，与前不久法军在台湾的失利不无关系。光绪十年（1884）六月十五日，法国海军攻击台湾基隆。但让法国人没想到的是，这次，他们败了。驻守台湾的巡抚刘铭传可不是像张佩纶那样的书生，他是李鸿章的老部下，淮军的著名战将，具有丰富的作战经验。面对强敌，他采取"诱敌陆战、两面夹击"的策略，打得法军落荒而逃。打了败仗的法国提出议和，遭到清政府的拒绝，他们恼羞成怒，转而向福建水师发难。八月十三日，侵略者卷土重来，这一次，足智多谋的刘铭传改变了应敌策略，他放弃了防守条件欠佳的基隆，转而退守地势险要，易守难攻的沪尾，布下了"口袋阵"。当法军长驱直入之后，预先埋伏好的3支清军分别从三个方向突然杀出，打了不善陆战的法军一个措手不及。这一仗，歼灭法军300余人。既然攻不进去，法军又出狠招，他们封锁台湾，禁止所有船舶出入，意图切断台湾守军的兵员饷械补给，困死刘铭传！

　　面对困境，朝廷命令直隶、两江、闽浙、两广、云贵等地官员都要尽力援台。历史又给了一次李鸿章与张之洞对比的机会。先抛开国家利益、民族大义不谈，单从个人感情上来说，李鸿章的做法也很不厚道。如果说上一次李鸿章拒绝张佩纶的请援，是因为与张佩纶关系不睦，那这一次他对刘铭传坐视不管，又一次证明了李鸿章的私欲与薄情。当刘铭传满怀期待地等着他的老首长援助的时候，等来的却是冷冰冰的回复："以北洋舰小不足当巨舰，无从赴援入告。"刘铭传可是跟着他出生入死的老部下啊！当初刘铭传赴京领命的时候，先到天津看望了老领导，李鸿章劝他说："你还是别蹚这趟浑水了，台湾去不得，这仗打不得。朝廷要是问你，你就找个理由拒绝，你要是愿意呢，我奏请朝廷，你来天津跟着我干吧！"但刘铭传是个血性汉子，还是想上前线为国效力。他欣然领命，而且面对强敌，敢于出手，屡屡获胜。或许，李鸿章是在怨恨刘铭传没有听他的话而借机报复吧。而张之洞却摒弃门户之见，他主动联系刘铭传，给刘铭传送去了弹药、1400 支洋枪、20000 两白银。与李鸿章的回电不同，张之洞的电文字字句句都带着暖心的温度，他对刘铭传说："济饷械、通信，有何法？有便即示数语为慰。尊意如有保台良策奇计，祈示；能代谋者必竭力。"

其实，在张之洞得知法舰向基隆开火的消息后，他就第一时间致电龙州潘鼎新，让他赶紧攻打法军后路，缓解刘铭传的压力。后来，张之洞又筹集 30 万两白银，连同枪支弹药一并运往台湾，却因法军封锁而未成功。

法军的封锁如此严密，这让张之洞十分担心台湾的局势，如不及早想出破敌解困之招，只怕是刘铭传也坚持不了多久。在海上，法军的优势明显，想要取胜几无可能，看来只有在陆上想办法了。经过深思熟虑，张之洞提出了"围魏救赵"的策略。不能再让敌我胶着之势继续下去，他认为"缓台唯有急越""牵敌以战越为上策"。按照张之洞的推测，只要集中兵力攻击在越南的法军，越南战线吃紧，据台法军必无心恋战，而且必然会撤兵回援越南境内法军。如此一来，台围压力自可破解。朝廷认为张之洞的计划很有道理，不仅同意了他的计划，还通知云南、广西的官员做好配合，协同作战。

按照张之洞的计划，清军分为东、西两路。西路自牧马、高平进入越南，与刘永福的部队会合，以法军驻守的要地宣光为攻击目标。东路由梧州、上思出关迎敌。两军同时夹攻，使法军首尾不能兼顾，最终全线溃败。

派谁去和刘永福并肩作战呢？这人既要有作战经验，又得是刘永福信任之人。张之洞心里早就定下了一个人，满朝文武中甚至说普天之下，能担此重任的，唐景崧是不二人选。

唐景崧，字维卿，广西灌阳人。在晚清历史上，唐景崧是个颇具传奇色彩的人物。他的经历说起来也蛮励志的，一个小人物、一个官员中的草根，凭着自己的一腔报国热血，跳上了历史的大舞台，成就了一番事业。

光绪八年（1882）法国侵略越南之时，唐景崧正在京城里过着四平八稳的"上班族"生活。这位同治四年（1865）的进士，在吏部工作了18年，还是个不起眼的候补主事，说明他混得不怎么样，属于在朝廷里没权没地位没人正眼瞧的那一类。可这并不影响他有一颗强大的上进心，他从小就立下"修身齐家治国平天下"的志向，寻机做出一番惊天动地的事业。看到国家有难，他再也坐不住了，战争离他很远，可战争离他家乡很近，亲人们正遭受着战火的涂炭，他怎能袖手旁观！他提起笔来给朝廷写了一封信，大意是说，我自愿去越南，去"引导"刘永福、去"协调"越军、去"开导"越南国王和大臣，通过我的"穿针引线"，理顺各方关系，形成抗法合力。我不给朝廷添乱，我不要军饷，不要官位，也不要使臣的名分，只要朝廷下诏允许我去就可以了。朝廷正在用人之际，对于此等"无本买卖"自然是愿做顺水人情。于是，他先到云南，再入越境。也别说，唐景崧还真是个被埋没的人才，他很快就赢得了刘永福的信任，也见到了越南的高官。在他的协调下，黑旗军与越军的配合更加密切。唐景崧亲自参与指挥了河内、山西两战役，并辅佐刘永福取得纸桥大捷。后来，清军全部撤回国内，唐景崧也回到了他的广西龙州老家。

张之洞派人把唐景崧招来，告诉他，你以前的表现很好，但成绩只能说明过去，现在，战争进入了一个新的阶段，真正的大战就要打响，有一个更艰巨、更光荣的任务在等着你，你是块好钢，当然要用在刀刃上！这一次，你再辛苦入越一趟，刘永福离不开你的支持配合啊！至于士兵嘛，你就从广东招募，这支部队你全权负责，就以你的名号叫作景字军怎么样？不管你们在哪里作战，我张之洞出人出枪出饷银，费用全包了！见张之洞如此信任、支持，唐景崧还能说什么呢？自感英雄有了用武之地。很快，他带着4个营的新军，还有张之洞给刘永福的2万两军饷直奔云南。这事让云贵总督岑毓英颇为感动，他致电张之洞，表示感谢："越事仰赖明公主谋，助兵助饷，始克有济。"

此时，在越南境内孤军奋战的刘永福，日子刚好过一些。前不久，朝廷授了他"记名提督"衔，赏戴花翎，并陆续拨给黑旗军7万两饷银。朝廷给他封官、发饷，现在又派来援军，刘永福心里门儿清，这都是张之洞的主意。要没有张之洞，自己还是个"匪"，啥都不是，啥都没有！这满朝文武中，只有张之洞是真心为他好，别人恨不得借洋人之手把自己灭了！远的不说，就说朝廷送来的那些洋枪吧，前前后后一共不过500支，基本上都是些弹药不着火的"笨枪"，拿着这样的武器上战场，不是去送死吗？洋枪不能用，还不如杨排风的烧火棍呢！也难怪唐景崧在《请缨日记》里说："黑旗自与法人迭次交锋，皆大战，未有借助于他军者。两载以来，虽曰助刘，何尝有同泽同胞之义哉？独此次为我景军切实援应耳。"

随后的时间内，张之洞不断送去白银和枪械，得到援助的黑旗军士气大振。光绪十年（1884）年末，他们与唐景崧的景字军、岑毓英的滇军一起，向据守宣光的法军发起攻击。经过一番苦战，收复了宣光、兴化、山西的大部分地区。他们一鼓作气，又取得临洮大捷，收复广威、黄岗屯等十余州县，西线战事凯歌高奏、捷报频传！

4. 百年大胜，实为功首

在西线法军溃败之时，东线的法军也受到了重创！因为他们碰到了冯子材！

提到冯子材，不能不提到让中国人扬眉吐气的镇南关大捷。可是，很少有人知道，正是张之洞启用了老将冯子材，而张之洞才是镇南关大捷的真正的指挥者！从启用良将、筹措军需直到作战方略的制订，无一不是张之洞在"纡筹决策"。唐景崧曾这样评论镇南关一役："是役也，朝廷威灵，将帅勋略，均应表暴，为千秋论世者之徵……非南皮尚书豫筹冯、王协桂之师，则桂军势不能骤振。然则南皮实为功首也。"

冯子材，广东钦州（今属广西）人，字南干，号萃亭。冯子材出身行伍，骁勇善战，曾官至广西、贵州提督。身为武将的他性格刚直，不湘不淮，不谙为官之道。在广西提督任上，他曾参劾广西布政使徐延旭，徐延旭升任巡抚后借机报复，冯子材亦不屑于与此等烂人共事，于是借口生病回到了老家，被时任总督张树声聘为钦州等四府团练。所谓英雄惜英雄，张之洞早闻冯子材大名，虽然冯子材已近古稀，张之洞却认为冯子材是战时难得的军事人才："冯虽老，闻未衰；旧部多，成军易；由钦往，到越速；在越久，水土习，用土人，补遣便，将才难得，节取用之。"张之洞派人给冯子材送去亲笔信和 5 万两饷银，请他出山。冯子材对这位少年解元、探花、清流干将也倾慕已久，见张之洞如此看重自己，也欣然答应出山杀敌。在此之前，曾有人建议李鸿章起用冯子材领兵赴越，李鸿章却认为他年老力衰没有答应。若无张之洞再三奏请、鼎力举荐，冯子材纵有报国之心、杀敌之志，也只能望越兴叹、空留遗憾！

但冯子材的出山，开局很不顺利。不是因为法军的强大，而是来自内部的掣肘和暗箭，这让他感到非常委屈和恼火，甚至萌生退意。当然，由于张之洞的存在，这些委屈和暗箭，都替他一一化解了。

光绪十一年（1885）年初，法军攻陷桂军防地谷松，又挟威大举进攻谅山。形势危急，张之洞急电冯子材火速驰援，而且给冯子材下了死命令："如果谅山失守，就拿你是问！"可未等冯子材赶到，一向消极抗战的谅山守将、广西巡抚潘鼎新便弃阵而逃。更为可气的是，潘鼎新为推脱罪责，向李鸿章诬告冯子材"不听调度，坐视不援，飞催不至"，李鸿章转而上报总理衙门，结果冯子材遭到清廷严厉斥责，称冯子材"可恨已极……倘再玩延，即照军法从事"。未等与敌军交手，即遭背后一枪，这让冯子材十分恼怒。张之洞知道冯子材遭人陷害，立即联手彭玉麟向朝廷说明真相："谅山一战，并非冯子材不听调度，实际上是潘鼎新指挥无方，他对冯子材的指控全是胡说八道，请朝廷明鉴！"朝廷调查清楚后，收回了斥责冯子材的旨意，不久就撤掉了潘鼎新的职务，将他遣送回原籍。

见潘鼎新如此不堪大用，张之洞命令冯子材负责广西关外军务，并将镇南关前线指挥权交给他，许他可以相机行事，凡事当断则断，不可贻误战机。镇南关（今友谊关）是中越两国边境线上最重要的隘口，如果镇南关失守，中国的门户大开，法军就可长驱直入，中国就岌岌可危了。

光绪十一年（1885）二月初七，法军2000余人在炮火掩护下，兵分三路，沿东岭、西岭、中路谷地直扑关前。此前，冯子材已抓紧时间，在关前东、西两岭上修筑垒墙，深挖沟堑，布置炮位，又在后方和两翼部署军队，自己亲率士兵守在中路，做好了迎敌准备。

随着冯子材一声令下，镇南关前顿时杀声震天。双方你来我往，东、西岭阵地几度易手，战至深夜，也未分出胜负。第二天，法军司令尼格里命令集中炮火攻击清军中路。洋人的枪炮发挥了巨大威力，很快，城墙被炸开了几个口子。面对蜂拥而来的侵略者，冯子材大声喊道："如果阵地失守，法人入关，我们有何面目见父老乡亲，还有何脸面活着！"说罢，他手持长矛，跃出战壕，带着他的两个儿子冲向敌阵！在冯子材的话语和行动的感召下，守关将士纷纷腾跃而起，个个如猛虎下山，与敌人展开了肉搏战！这一仗，清军击毙法军将领数十人，歼敌1000余人，追出关外20里，绝不给敌人喘息的机会！冯子材带领部队乘胜追击，接连攻克文渊、谅山，重创法军指挥官尼格里！镇南关大捷打出了中国人的威风，打出了中国人的志气！不仅扭转了中法战争的局势，而且一洗鸦片战争以后中国军队抵抗西方列强入侵屡战屡败的耻辱！法军战败的消息传至巴黎后，导致茹费理内阁倒台。法国报纸还把这次惨败与1815年拿破仑的滑铁卢之战相提并论。张之洞称："自中国与西洋交涉，数百年以来，未有如此大胜者。"

5. 抵制议和，保护名将

镇南关大捷让清军士气大振。按照张之洞的计划，清军将继续进击，一鼓作气拿下河内、北宁，将法军彻底逐出越南。让他万万没有想到的是，正当他信心满满，准备再次出击之时，却收到了朝廷停战、撤兵、求和的旨令！打了胜仗还要低三下四地求和？！为国捐躯的将士尸骨未寒，他们以命相搏夺回的阵地就要乖乖地交与敌手，这让自己如何向浴血奋战的将士们交代？！张之洞难压怒火，自朝廷停战令发布的当天起，他就接连20多次电奏朝廷，反对撤兵、力阻议和，甚至请求朝廷拖延议和之日，待攻下北宁之后再说。

可是朝廷对他的意见置之不理，而且担心他抗旨不从，警告他必须如期停战，大军撤回边界，倘若不从，必定严惩！

同张之洞一样，朝廷的"停战令"也遭到了前线将士的抵制，冯子材等将领致电张之洞，强烈要求张之洞代表前线将士奏请朝廷诛杀议和之人，因为就在去年，朝廷曾下过"如有以和议进言者定即军法从事"的旨令。

面对胜局，朝廷作出如此决断，到底是什么人出的主意呢？张之洞当然知道，这"议和之人"，就是不断从背后向他捅刀子的李鸿章。闻听法军兵败的消息，李鸿章也心花怒放，一心求和的他认为，机会来了！此时不和，更待何时！按照他的想法，法军战败了，此时议和，就不会再有什么非分之想了！张之洞知道，此时的朝廷已经与"议和之人"穿一条裤子了，再奏请诛杀议和之人等于打脸朝廷，干脆自己就去直接问问这个"议和之人"吧！于是张之洞就给李鸿章去电说，李大人，去年朝廷下旨说，如有提出议和者即军法从事。现如今，您知不知道这议和者是谁啊？李鸿章当然知道张之洞的用意，只能毫无底气地打哈哈：这都是法国人和朝廷的意思，我只不过是跟在后面陪同谈判和签字的小随从而已啊。

面对朝廷的警告，张之洞仍然以前方电线中断、电报不通为由不下令撤军。朝廷怕张之洞采取行动"致生他变"，影响和谈，又发去电报斥责张之洞抗令不遵，令他"乘胜即收"。张之洞见朝廷和谈之心已定，也只能仰天长叹，下令收兵。眼看胜利果实拱手相让，张之洞顿足痛愤，他向冯子材倒苦水说："事权不一，洞能请之；需饷需械，洞能筹之。班师迫促尽弃前功，已得越疆仍还法虏。事机可惜，边患何穷！"

既然无力阻止朝廷和谈，那就在谈判桌上尽可能地争取权利吧。张之洞对李鸿章很不放心，他在电请李鸿章"力争权益，不负天下责望"的同时，又提醒他"画押宜慎，关系国家万年之计"。张之洞还建议朝廷将和谈协议的草案发给参加抗法的疆臣将官共议，可惜未被采纳。

光绪十一年（1885）四月二十七日，在战场上被打败的法国人在谈判桌上取得了胜利，李鸿章代表清政府与法国公使巴德诺在天津签订了《中法会订越南条约十款》，即《中法新约》，主要内容是：中国承认越南为法国的藩属国，不得出兵干涉法对越南的统治；开放西南边境对法通商；中越修筑铁路要与法国商办；法军撤出台湾、澎湖……

看着如此丧权辱国的条约，全国上下骂声一片。3年的中法战争白打了！多少将士的血白流了！中国不败而败，法国不胜而胜。面对如此结局，张之洞自感"人微言轻，无术挽救"，乃至"愤愤欲死"。

对于张之洞来说，中法之战不啻一次人生大考。

让人称奇的是，不同于他的那些只善夸夸其谈的"清流党"同僚，他对战局的分析、预判、谋略，无不显示出他卓越的军事指挥才能。可以说，面对强敌，张之洞交出了一份近乎满分的答卷。也难怪他去世后，清廷追谥"文襄"谥号。要知道，晚清重臣中，清廷追谥"文襄"谥号的，除了张之洞，只有左宗棠一位！那左大帅何许人也，"围剿"太平军、捻军及西北回民军，又进兵新疆，讨平阿古柏，可谓戎马一生，战功赫赫。能够被朝廷认可、唯一在军事上比肩左宗棠，从张之洞个人的角度讲，这场仗，他打赢了，他少时以文名世，这次，又以武功名震天下。

战争的硝烟暂时散去，清政府又盯上了刘永福和他的黑旗军。在中法战争中，黑旗军将士冲锋陷阵、英勇杀敌，刘永福称得上是民族英雄，黑旗军也称得上抗法先锋，他们本应得到清廷的褒奖，但《中法新约》的第一款，便将黑旗军置于两难的境地："倘有匪党在中国境内会合，意图往扰法国所保护之民者，亦由中国设法解散。"所谓"匪党"，黑旗军是也。对其中暗藏的加害之意，张之洞也心知肚明，"法恶刘、总督恶刘、北洋恶刘、岑师恶刘。法恶之而甚畏之，故约以此为首"。越南已经在法国的掌控之下，黑旗军如果继续留在越南，无异于羊入虎口，法国人绝不会给他们生存之地。可是如果回国，一直将其视为祸患，意欲除之的清政府会怎样对待他们呢？法国视黑旗军为"眼中钉"，想把他们赶回国内任由清政府处置，他们威胁清政府说，黑旗军一日不撤出越南，他们就一日不交还台湾与澎湖。

对于抗法有功的黑旗军的处境，张之洞十分担忧。在他的"竭力护持"以及对黑旗军怀有同情之心的老百姓的抗议之下，清政府不敢明目张胆地加害黑旗军，而是打算把黑旗军调回国内，给刘永福安排职位，在安置的过程中借机将黑旗军遣散。具体事宜，交由张之洞和云贵总督岑毓英商办。张之洞知道岑毓英肯定会将黑旗军拒之门外，他也不放心黑旗军进入云贵，"留越法不许，屯滇岑不许，处粤边必生衅，处腹地必累刘，洞皆不敢允"。张之洞考虑再三，觉得还是把他们安置在自己管辖的广东放心。其实，张之洞这样做还有一种考虑，虽然条约已签，但谁也不敢保证中越边境的战火不会重燃，一旦法军犯边，黑旗军能够方便调用。于是，张之洞在广州为刘永福买了一处大宅院，为他的部队建造营房，发放银两和口粮，还妥善安置了阵亡将士的家属孤寡，可谓用心良苦。

6. 开放赌捐，多方筹资

中法战争的硝烟逐渐散去，日子仿佛又恢复了往日的宁静，但张之洞的心却怎么也平静不下来。这场战争让他亲眼看见了洋枪洋炮的威力，看到了清军与法军在武器装备上的巨大差距。让他感到痛心和后怕的是，这种差距，即使是以清军将士的生命为代价也无法弥补！清军的几次取胜只能依赖于战术，依赖于将士的爱国精神和以死相搏的勇气。如果再有一场战争……张之洞不敢继续想下去了。

战争还给张之洞留下了一个烂摊子，使本来就捉襟见肘的广东财政更加窘迫。打仗就是烧钱，买枪买炮、构筑工事、分发粮饷，哪一样离了钱也玩不转。仗不能不打，没有钱，张之洞只好去借。他借了多少？整整700万两！其中200万两"内防广潮廉琼"，500万两"外援台闽滇桂"。加上前任总督张树声借的200万两，张之洞战后要偿还的债务就高达900万两！按说广东开放很早，经济上应该比较宽裕，但事实却远非如此。同治二年（1863），广东巡抚郭嵩焘曾写过一篇奏折，说广东经济已经"疲难日甚"，以前还能倚仗口岸通商优势，独揽中外贸易之利，而五口通商之后，广东的海关收入明显减少。不仅如此，民间贸易也日渐凋敝，官府从商贾们身上再也榨不出什么"油水"来。20多年过去了，由于西方列强加紧了对广东地区的侵略和掠夺，官府只好采取不断增加税收的办法以保证军费等支出，致使广东经济愈加困难，甚至连政府官员的办公经费也无法保证。为节省开支，中法战争结束后，张之洞已经裁军5万人，他还带头辞减了总督府的冗员，但这不能从根本上解决问题。广东财政本已入不敷出，现在，不仅面临着偿还巨额债务的压力，更让张之洞日夜忧焦的是，下一步他还要发展洋务、兴办实业，没有钱怎么行！

实践是修正认识的准绳，如今，曾经放言高论的清流党人，已经在残酷的现实面前转变成一个脚踏实地的实干家。"天下事每惮于劳费而创始，故臣愿以粤省创之。"张之洞决心在两广任上，做出一番惊天动地的宏图大业。

钱！钱！钱！没有钱，说什么都没有用；没有钱，做什么也做不成。张之洞面对"京饷已留，贷款已罄，厘税不足，劝捐不应"的财政困境一筹莫展。他内心挣扎了很久，不得不作出了一个让他自己也不愿意面对的决定——开"闱姓"之赌，收"闱姓"赌捐！

所谓"闱姓"，是一种盛行于两广地区的赌博游戏，据说是中国最早的"彩票"。顾名思义，"闱姓"不赌马、不赌球，赌的是参加科举考试的士子的姓氏。这种赌博由赌商设局，"彩民"购买，以猜中参加科举考试考中者的姓氏的多少为输赢。旧时称科举考试场所为"闱"，因此称为"闱姓"。"闱姓"不同于一般的赌博形式，它借用科举考试的"外壳"，给人以"正规""高雅""公平"的错觉。刚开始的时候，"闱姓"的范围很小，只以乡试作赌，赌注也不大，仅100钱左右。但到张之洞在此主政时期，"闱姓"的范围已扩展到岁考、会试，赌资也到了上不封顶的程度，参与的人员也非常多，"自缙绅士大夫以及农工商贾、妇孺走卒，莫不罄其所有，各存幸心，希图一掷"。官府对于"闱姓"又爱又恨，因为"闱姓"既可以带来数目可观的税银，但同时又败坏了社会风气，尤其影响了科场风气，所以在态度上也时禁时纵，广东前任总督张树声就上奏朝廷请求严禁。由于朝廷的态度不明朗，为了安全起见，一些商人移至澳门设局，让澳门方面坐收了巨额赌税之利。

光绪十一年（1885）四月二十日，张之洞向朝廷上《筹议闱姓利害暂请弛禁折》，陈说了"闱姓"纳捐的重要性和必要性，认为"可藉纾目前之急"。张之洞还指出了"奸民私于澳门设局，输资葡人"的危害性："藉寇资盗，有损无益。"张之洞心里非常清楚这样做的危险，如果自己放开"闱姓"，定会被政敌所抨击，甚至被后人所诟病，影响自己的一世英名。但是，对于急需用钱的张之洞来说，赌捐的数额太诱人了。因为事先他已经与承办"闱姓"的两大商人——诚信堂老板张荣桂、敬忠堂老板杨世勋谈好，以6年为期，捐洋银440万两，5个月内先交上150万两！

平心而论，张之洞开办"闱姓"，确实助长了赌博之风，影响了科考的公正性，但这也是在广东财政实在揭不开锅的情况下采取的没有办法的办法。张之洞这样做的目的不是为了中饱私囊，而是把这笔钱全部用在了广东的军事防务、经济发展和民生设施建设上。

单凭"闱姓"赌捐是远远不够的，为了"搞钱"，张之洞绞尽脑汁，他又把目光盯在了广东税收上。由于广东特殊的地理位置和复杂环境，长期以来，沿海走私十分猖獗，税收积弊严重，官员与商贩互相勾结，损公肥私。历届官员有的不敢过问，听之任之；有的想整顿治理，却有心无力，效果欠佳。正当张之洞寻找机会向税厂出手之时，恰巧有人举报广东肇庆税厂和黄岗税厂存在严重的偷税漏税行为，说两厂每年收银十余万两，但只上报 3 万余两，而且还巧立名目，以各种借口压榨商人，收取黑钱。对于送上门的线索，张之洞当然不肯放过，他有他的小算盘。对于查出的赃款，他自然要雁过拔毛，甚至要把毛全都拔光！他立即派出一批精兵强将，兵分两路，分头调查。结果很快出来了：两厂实际年收银 8 万两左右，上缴 6 万两左右，留存的银两用于税厂的正常运营还入不敷出！这等于没有调查出什么问题。张之洞心想，难道自己冤枉了好人？难道税厂上下都是清正廉洁的？鬼才相信！我张之洞是那么好"糊弄"的人吗？张之洞下令，继续查，就是挖个底朝天，也要查出账目遮蔽之下的真相！果然，随着调查的步步深入，账目隐藏下的"猫腻"渐渐浮出水面。肇庆、黄岗税厂隐藏的黑色收入竟有十几项之多，其中，"黑钱"是税官与商人勾结，商人少报货量偷税漏税；"入柜钱"是包揽人充当商人与税官之间的中间人，促成双方偷税分肥；"办用钱"是税厂于正税之外另向商人加收的银两，其他如"官厘头""船头钱""充规"等名目繁多、不一而足。通过这些不正当手段，税厂每年舞弊银额超出了正常税收的一倍！张之洞将这些赃款没收充公，并且从税收制度和流程上入手，采取措施堵塞漏洞：他加大了官府对税厂的控制，重要岗位均由官府派人充任；实行了收税三联单，规范操作流程，扎紧制度的篱笆；他果断出手，将正税以外的税收一律革除！经过一番整顿，两税厂正项税收每年增加了5万多两！

肇庆、黄岗税厂的问题查清了，其他税厂是不是也存在同样的问题呢？张之洞又命人清查了黄江税厂、梧关税厂。对于清查人员来说，有了肇庆、黄岗税厂的工作经验，再查起来可谓轻车熟路。两厂之中，梧关税厂问题更为严重，他们"正税而外又加数倍，国家皆不能收一文"。最让人震惊的是，税厂每年向商人加税40多万两，从咸丰七年（1857）开始到光绪十三年（1887），已经收了整整 30 年，被私分了 500 多万两！震怒之下，张之洞处理了近 70 名蛀虫，派人接管了税厂，革除了一切私税规礼。张之洞这样做，一方面增加了国家税收，另一方面也在一定程度上减轻了商人和老百姓的负担。对于没收的黑钱和征收的税金，张之洞也都用在了修筑炮台、修补江堤等涉及海防、民生的急需上。

对于张之洞来说，"捞钱"没有最多，只有更多。对于敢挑战他的洋人，他更是毫不留情，果断打击。这样既可以赚到银子，还能灭了洋人威风，何乐而不为呢？光绪十二年（1886），有英商与华商勾结，在中国境内开办了 6 家商行，实则借洋行之名逃避税收。更严重的是，他们做的并非合法生意，而是武装走私攫取暴利。张之洞查清事实后，立即查封了 6 家假洋行，并通过外交手段，驱逐了英国走私商人。

广东是产盐大省，盐税也向来是官商舞弊的重灾区。经过张之洞的整顿治理，朝廷每年的盐税由 90 余万两增加到 130 余万两。张之洞还"竭力开导"广东文武官员与商人捐款，他自己带头捐助 3000 两，光绪十二年（1886）至十四年（1888）共募集 80 万两，用于海防建设。

不得不承认，张之洞是位几乎无所不能的牛人。不仅善读书、能打仗、会当官，而且抓经济、搞理财也很有一套。经过他的运作，广东财政很快扭转了困局，由当初的负债累累到收支平衡再到略有节余。到光绪十四年（1888）张之洞离任之时，给继任者李瀚章留下了250万两银子，以至于李瀚章"愕然大惊服，肃然起立，长揖以谢"。因为当时外界盛传张之洞在广东挥霍无度造成财政巨亏，李瀚章正担心与自己关系不睦的张之洞给自己留下一屁股债呢！

7. 军事图强，办厂练兵

中法战争期间，张之洞向外国人购买军火，常常被人刁难。有的坐地起价，有的提高运费，即使是满足了他们的无理要求，武器也常常不能按期到达，质量也得不到保证，甚至有时拿着钱还买不到好武器。张之洞受够了这种"仰人鼻息"之苦，他总结说，中国不能战胜外敌的一个重要原因，就是没有制造枪炮的能力。所以，战争一结束，他一边筹钱，一边着手打造他的"枪炮梦"。

光绪十一年（1885）五月，张之洞收取了"闱姓"承办商的赌捐之后，开始创建他人生当中的第一个洋务企业——扩建黄埔船厂。他从香港、上海和国外购置造船设备，开始试制浅水炮艇。按照张之洞的构想，他是想建立一支与北洋、南洋、闽洋同等规模的水师，以改变清朝海军"仅就一隅创建，未合全局通筹"的状况，护卫中国海疆，扼守广东门户。但是，把控海军军费、恨不得把钱全部花在北洋水师上的李鸿章却不支持。当然，李鸿章的阻挠并没有影响张之洞的信心，他撸起袖子自己干。到年底，黄埔船厂建成了广元、广亨、广利、广贞4艘轮船，以后又陆续建成了广己、广玉、广金等小型铁甲舰。由于自身技术力量和设备条件限制，黄埔船厂一时无法建造更为先进的军舰，张之洞就向当时中国造船技术最先进的福建船政局订购了铁甲快艇4艘。到光绪十五年（1889）年底，广东水师已拥有军舰20余艘、小型炮艇十余艘，鱼雷艇若干，防卫能力大大增强。

光绪十三年（1887）五月，朝廷批准了张之洞在广州设立枪弹厂的奏请。于是，张之洞在广州城北番禺县石井墟置地30余亩，从上海购买了机器设备。投产后，枪弹厂能够制造毛瑟、马梯尼、士乃得、云者士得等4种枪弹，产量为每天8000粒。后来发展到能够生产6种枪弹，产量也增加到每天2万粒。枪弹可以在一定程度上自给自足了，张之洞又有了更大的打算——筹建广州枪炮厂。他致电向时任驻德公使的洪钧询问制造新式连珠炮及克虏伯炮的机器价格，洪钧回电说："沪厂即能造小炮，似不值再设厂。"洪钧所说的沪厂指的是李鸿章的江南制造局。见洪钧又拿李鸿章说事，张之洞没好气地复电："沪造小炮未精，仍拟粤自设厂。"光绪十五年（1889）七月初六，张之洞奏请筹建枪炮厂，以广州西北20千米的石门作为厂址，计划建成后日产枪支50支，年产大炮50门。5天之后，张之洞调任湖广总督，他将设备移运到湖北，重新选址，继续着他的"枪炮梦"。

中法战争中，张之洞不仅看到了清军与法军在武器装备上的巨大差距，也看到了两军在军事素质上的巨大差距。对于清军来说，常常是"有船而无驾驶之人，有炮而无测放之人，有鱼雷、水雷而无修造、演习之人，有炮台而不谙筑造攻守之法，有枪炮队而不知训练修理之方"，所以认为"战人较战具尤急"。于是，培养军事人才也成了张之洞的当务之急。

光绪十三年（1887）四月，张之洞获准筹建水陆师学堂。在此之前，广东已有一所培养军事科技人员的学校，即由两广总督张树声主持创办，位于广州黄埔的实学馆。实学馆于光绪八年（1882）正式开始招生，首届学生50名，学习轮机驾驶，是广东海防教育的发端。张树声从福州船政学堂及各处选调了精通外语和算学的老师，还与驻英公使曾纪泽联系，请其代为物色聘请"精通驾驶、饶有才略之人"。张之洞接任两广总督后，将其改名为广东博学馆。光绪十二年（1886年）在博学馆内设海图馆，组织师生绘制了广东全省海图、海口图和海防图，开创了近代中国海图绘制之先河。广东水陆师学堂就是在博学馆的基础上扩建而成。

水陆师学堂设有水师、陆师两班，聘请英国人李家孜为水师教习、德国人欧披次为陆师教习。当时认为英国海军最强大，德国陆军最强大，所以水师学英国，陆师学德国。水师学堂分为管轮、驾驶两堂，前者学习机械制造运用，后者学习天文、海道、驾驶、攻战，两者皆习英文。陆师学堂分马步、枪炮、营造三堂，同时学德文。创办之初，水师、陆师各招学生70人，后来水师的管轮、驾驶各招70人，共有学生210人。学制3年。学生由三部分人员构成，"内学生"是从博学馆旧生中挑选出的通晓外语、算术的优秀人才；"营学生"是从兵营中挑选出的下级军士；"外学生"是招收的16岁至30岁具有较高文化水平的士子生员。学生学习期满后，先到军舰实习，1年后，优秀人员派到国外留学。为便于学生营演操练，学堂设有操场、帅台、演武厅、机器厂、铸铁厂，还有一艘从广东水师调用的舰艇。光绪十五年（1889）年末，学堂又增设了矿学、化学、电学、植物学、公法学等"洋务五学"，每科招生30名，共计150名，聘请英国人赫尔伯特、葛路模等分任教习，培养洋务人才。另外，张之洞还成立了水鱼雷局，向德国购买水雷、鱼雷艇，并且成立鱼雷学堂，聘请德国专家任教，培养了一批能够驾驶鱼雷艇和使用鱼雷的人员。中法战争中，张之洞见识了电报的重要作用，所以他还创立了电报学堂，培养中国的电报人才。像在山西办学一样，在这些军事院校的教学上，张之洞也恪守他的"中学为本"理念，要求学生每天清晨诵读四书五经"以端其本"，然后再学习各门专业技能。

从当时军校的规模看，军事院校培养的都是少量的高精尖的"领兵者"，而实战中还要依靠大量的士兵。在山西任上时，张之洞即开始编练新军，这既出于护卫山西之需，也表现出张之洞对于当时清军战斗力的失望。升任两广总督后，张之洞一直想建立一支"期于专备洋战"的劲旅，于是把原来在山西负责操练新军的将领李先义、吴元恺调到广东，命令他们招募士兵2500名，组建广胜军。在武器装备上，广胜军配备了德制克虏伯行军炮、后膛快炮等先进武器；在训练内容上，一切从现代战争的需要出发。据《清史稿》所记："一练卧枪，一练过山炮队，一练掘造地营，一练安放水雷，一练修筑炮台，一练临敌散队，一练洋式火箭，一练安设行军电线，一练疾步逾濠越岭，一练夜战，一练坚守地营及濬濠筑墙一切工程。"张之洞对这支部队非常重视，无论多忙，他都要每月前去检阅。其实，张之洞也是摸着石头过河，在他心里，广胜军就是一块试验田，他希望通过编练广胜军，探索出一套培养新式军队的成功经验，在更大的范围内推广，以提高清军的战斗力。事实证明，张之洞成功了，后来张之洞在苏、鄂等地编练自强军和湖北新军，很多骨干都出自广胜军。

8. 致力民生，造福百姓

战后的广东百废待兴，张之洞在抓好军事、强固防务的同时，也时时牵挂着百姓疾苦，"求强""求富"一把抓。他治理水灾、免除杂捐、整顿治安、兴办教育等，为老百姓办了不少实事、好事。

一是治理水灾。广东省内水流众多，雨水充沛，加上地势原因，经常发生水灾。光绪十一年（1885）夏，中法战争刚刚结束，广东就发生了数十年不遇的重大灾情。珠江三大支流同时暴涨，冲毁江堤，沿江的肇庆、韶州、广州三府十几个县墙倒屋塌、农田损毁，受灾群众苦不堪言。面对灾情，张之洞一边筹集款项，救济灾民，一边治理河道，固堤加围。自光绪十一年（1885）冬到次年夏，张之洞对江堤进行了集中修固，共修筑江堤107处，田围116围。光绪十二年（1886）夏季，江水再次泛滥，但经过整治后的大堤坚固了许多，只发生了几处小的决口，所以没有造成大的损害。在接下来的几年里，张之洞一直不忘修筑防灾工程。他还就如何治理珠江水域上书朝廷，提出修筑珠江堤岸的设想。只是这些设想因为他的离任而未能付诸行动。

二是剿匪革捐。两广地区多山、沿海，又属边境，有盛产海盗陆匪的土壤。中法战争之后，时局动荡，百姓负担加重，致使社会治安更加恶化。海盗在武器装备上并不输给官军，他们也有洋枪洋炮，不仅劫掠过往商船，而且公然与官军对垒。一旦见势不妙，就逃往港、澳避祸。身为大清朝的总督，张之洞对匪盗一直保持强硬态度，主张严厉打击。对于抓到的匪盗，张之洞下令："无论水陆，不分首从，凡有案情重大罪干斩枭斩决者，一体照土匪马贼会匪游勇章程先行惩办。"

光绪十二年（1886），九头山的海盗又一次袭击了官商船只。九头山由距钦州50多公里的几个小岛组成，因地势险要，易守难攻，成为海盗聚集之地。此前官军与海盗在九头山多次交手，官军都没占到便宜。张之洞心里非常清楚，九头山不灭，海盗之患难除。张之洞又调来了老将冯子材。经过几番交手，最终冯子材率军登上九头山，杀死惯匪多人。对于抓到的俘虏，全部就地正法。此一仗，狠狠打击了海盗的嚣张气焰。

广东当地"民情强悍"，宗族、村落之间经常发生械斗。广东的械斗不是两个村子或者两姓之间三三两两挥挥拳头，彼此搞得头破血流那么简单，常常是数村乃至数十村的数百人、上千人参与，其中还夹杂着不少临时雇募的地痞流氓。双方使用的武器，也不是我们在电影里常常看到的农具和刀剑，而是堪比官军配备的洋枪洋炮。战时双方高筑城垒，对放巨炮，其阵势堪比一场相当规模的战斗。更让人担忧的是，械斗的后果很严重。一旦开打，双方谁也不会及时收手，而是恣意烧房、抢掠、杀人。通常一次械斗就会把村子数年乃至数十年聚积的资产洗劫一空。更让张之洞不能容忍的是，械斗者根本不把官府放在眼里，常常把前去制止争端的军队打退，让官府颜面扫地。

对此民间恶俗，张之洞下令，对于主谋者、出钱雇凶者、受雇行凶者，无论杀伤几人，均按土匪论处，一律就地正法。对于胆敢阻挠官军制止械斗者，也"立予格杀"。重拳打压之下，治安情况大有好转。

张之洞铁腕重拳整治治安的同时，也对广东海盗陆匪横行的原因进行了思考，想方设法减轻老百姓的负担。光绪十一年（1885），张之洞取消了"沙田捐""绅富捐""牙捐""房铺捐""当捐"等多项不应有的勒捐，革除税厘之弊，减轻商民负担。他在即将离任两广时，又上奏朝廷，请求裁革官员的捐派15项、下级官员向上级官员的规礼14项。表面上看，这些捐派和规礼由各级官吏承担，但这些官吏无一不把重负转嫁到老百姓身上。当然，至于张之洞为什么直到离任才向朝廷出此建议，个中滋味，或许只有他自己最为清楚。张之洞并没有忘记百姓疾苦，只是他办那么多事情，太需要钱了。既想财政多收入，又想百姓少负累，实在难寻万全之策，他不得不在矛盾中作出艰难选择。

三是重视文教。张之洞被人称为"张广雅"，是因为他在广州创办了广雅书院。在张之洞心里，对于办洋务、办军工，属于边学边干，但对办书院、启民智，他是自信满满，那才是自己擅长的拿手好戏。担任学政时，他已在武昌和成都分别创建经心书院、尊经书院，积累了丰富的办学经验。广州原有的粤秀、粤华、应元三所书院，规模太小，课程单一、老旧，于是，张之洞在光绪十三年（1887）奏请成立广雅书院。广雅书院的办学宗旨，张之洞在《请颁广雅书院匾额折》文中说得很清楚："臣设立书院之举……上者阐明圣道，砥硕名节，博古通今，明习时务，期于体用兼备，储为国家帧干之材。次者亦能圭璧饬躬，恂恂乡党，不染浮嚣近利习气，足以漱身化俗。"

书院坐落于广州城西源头乡，名字取"广者大也""雅者正也"之意。张之洞对"广雅"二字似乎情有独钟，他的书斋起名为"广雅堂"，他的诗集叫《广雅堂诗集》。光绪十四年（1888）六月广雅书院建成开学，从广东、广西两省各招生100名，开设经学、史学、性理之学、经济之学和词章之学，后又改为经学、史学、理学、文学4门，分设4馆。经学，以能通大义为文，不取琐细；史学，以贯通古今为主，不取空论；理学，以践履笃实为主，不取矫伪；文学，以翔实尔雅为主，不取浮靡。学校学制3年，教学既吸收传统教育模式，又具有新学的特色，特别是光绪十五年（1889）张之洞聘请重视西学的朱一新担任院长之后，又开设了化学、光学、西医、铁路、农业机械等课程，培养了不少经世人才，成为晚清洋务派创办的最具影响的一个书院。

四是办厂求富。纺织业是中国的传统行业，但手工生产的模式根本无力与西方国家的机器化生产抗衡。当时，广东虽然是对外通商最早的地区，却连一台新式纺织机器也没有。纱布是生活必需品，眼看着中国市场被洋纱洋布垄断，巨额利润被洋人掠夺，张之洞心里非常着急，他指出："棉、布本为中国自有之利，自有洋布、洋纱，反为外洋独擅之利。耕织交病，民生日蹙，再过十年，何堪设想！今既不能禁其不来，惟有购置机器，纺花织布，自扩其工商之利，以保利权。"他认为只要中国也采取了工业化生产，完全可以凭借人力成本低、运费低的优势，与洋货竞争。于是，他拿定主意，准备在广东筹建织布局。不过，张之洞想要实现他的纺织梦，不仅要奏请朝廷同意，还要看他的老对头李鸿章的脸色。原来，李鸿章在光绪八年（1882）就创办了上海机器织布局，建厂之时，出于垄断经营的目的，李鸿章奏请朝廷同意，10年之内全国各地不准再开办织布企业，别的商人如果想涉足纺织业，只能"附股搭办"。

面对这道绕不过去的"坎"，张之洞给李鸿章去电，言明自己所办之厂生产能力有限，所生产的纱布连广东地区的市场需求都无法满足，绝对不会影响上海织布局的半点利益。这次，李鸿章倒也大度，他回电说："粤设官局，距沪较远，似无妨。"张之洞派人对广东洋布市场进行了调查，挑选了6种最为畅销的布，定为将来出产的产品。他将布样及国产棉花样本寄给驻英公使刘瑞芬，请他在英试织，并订购机器。只可惜，待光绪十六年（1890）织机运抵广东时，张之洞已调任湖广总督。继任总督李瀚章无意接手，于是张之洞将织机转运湖北，最终建成了湖北织布官局。

相对于建设织布厂，张之洞筹建炼铁厂的意愿更迫切，投入的精力、财力都更多。因为他知道，钢铁工业是近代产业的基础，"举凡武备所资，枪炮军械轮船炮台火车电线等项，以及民间日用农家工作之所需，无一不取资于铁"。因此，"中国设厂自造，乃必不可缓之图，万不可恃购买为长策"。当时，两广地区的土铁产量较高，质量也不错，但跟洋铁相比还是缺少竞争力。于是，张之洞在光绪十五年（1889）九月，向朝廷奏请建设炼铁厂。

当时，机器炼铁是具有相当技术含量的"高新"产业，国内大多数人见所未见，张之洞也不例外。当他向英国谐塞德公司订购高炉设备时，英方告诉他，

"欲办钢厂，必先将所有之铁石、炼焦寄厂化验，然后知煤、铁之质地若何，可以炼何种之钢，即可以配何样之炉，差之毫厘，谬以千里，未可冒昧从事"。面对对方的好心提示，建厂心切的张之洞犯了官僚主义作风的毛病，他想当然地认为："中国之大，何所不有？岂必先觅煤铁而后购机炉""虽有创办钢厂之伟画，而煤在何处，固未遑计及也。"他回电英商：照着你们现在用的机器买一套就是了！遇到这么个牛气哄哄的买主，只要钱不少给，英商那边也懒得与这位清廷高官废话。不久，机器运抵广州，果然出了大麻烦。准备投料的大冶铁矿石含磷量高达 0.25%，而依据酸式炼钢法设计的贝色麻炉无法除去如此数量的磷成分，必须改用碱法马丁炼钢炉，才能炼出制造铁路路轨的钢材。如此一来，不仅延误了投产日期，而且造成了巨大浪费，也难怪后人有"南皮屠财"一说。对于上面所说的一事，也有人提出质疑，一来张之洞所有电稿中没有此封电文，二来张之洞并非对铁矿成分和冶炼知识一无所知。他在奏请开办炼铁厂的奏折中曾说过："炼钢铁，宜用毕士买炉（即贝色麻炉）、西门马丁炉，缘中国铁质多夹磷硫，皆须先炼出磺强水，再入炉冶，始成纯质。"三是 1 年之前，出使德国的洪钧曾电告张之洞："炼钢有两种方法，根据铁矿含磷量的多少，炼钢的机器是不一样的。"想必一向博闻强记的张之洞也不会那么健忘。之所以会出现机器不适合中国铁矿的原因，是因为技术人员在化验时，设备和技术方面出了问题，得出了铁矿石含磷量较低的错误结论。

五是铸造银元。清代市场上的"钱"，指的是银两与铜钱。一直以来，尽管中国的铜钱制式粗陋，银两成色驳杂，但一直是市场上的硬通货。但是，自从对外通商以后，洋人借口中国银两纯度不够，要求中国使用银元进行交易。其时，一种币面图案为墨西哥国徽鹰的银元——"鹰洋"在市场上大行其道。中国不产银元，但在洋人的要挟下，只得用银子兑换使用。于是，银元的兑换价格在洋人的操纵下一路飙升，四五年间，一枚银元的兑换价格从1200文制钱上涨到1900文！在一场没有硝烟的金融战争中，中国的巨额财富"利归外洋"，悄悄地流入了别人家的"钱袋子"。

为什么老祖宗传下来的、中国人一直使用的钱不值钱了？为什么在中国的市场上交易要高价兑换别人的钱才可以？这种不正常的现象早已引起了林则徐、魏源等有识之士的警觉。郑观应就提出建议："银由中国自铸……与洋钱丝毫无异……方可通行抵制。"而朝廷对于自铸银币一直是不支持的，当年林则徐提出自铸建议时，就遭到朝廷呵斥："洋钱方禁之不暇，岂有内地亦铸银钱之理？"光绪十三年（1887）正月二十四日，张之洞连上两道奏折，认为铜钱和银钱可以同时使用，铸币便民是国家的自主权力，请求在广州设立铸币厂，生产中国自己的银元，以满足市场供应。两个月后，朝廷的答复姗姗而来，态度也不甚明了，语焉不详："事属创始，尚须详审筹划，未便率尔兴办，着听候谕旨遵行。"常人见此答复，读到的是朝廷"不支持"，要么打消此念，要么坐等朝廷谕令，而张之洞见此答复，读到的是朝廷"没反对"，于是，他马上进入了选址和购买机器的程序。

经过一番紧锣密鼓的准备，光绪十五年（1889）四月，铸币厂正式投入生产，中国最早的官铸银元——"龙洋"诞生了！"国产"银元以中国龙为图案，重量为七钱二分、三钱六分、一钱四分四厘、七分二厘、三分六厘5种，"均与洋银一同行用"。除此之外，铸币厂还造出了"轮廓光洁，字体精好"的铜钱，日产量达到9万缗。

张之洞建广州机器铸币厂，在工业史、财政史和社会生活史上，都是值得一书的大事，诚如时人所说："中国之有银圆者自公启之。"

六是保护华侨。因为地理位置和通商口岸的优势，广东成为华侨最多的地区。19世纪80年代之后，随着劳动力市场的饱和，美国、澳大利亚等国开始排斥华人，甚至接连发生了多起焚烧华人财产、残杀华人的暴行。在中法战争中，华侨捐资捐物，他们不给法人修船、不给法人起货，不卖给法国粮食，以实际行动支持祖国的抗战，张之洞深受感动，称赞他们"不忘本源，深堪尚嘉"。如今同胞有难，岂能坐视不顾？张之洞立即约见美国公使田贝，警告他说，广东也有不少美国人，如果美国不停止迫害华人的行动，他就会把美国人驱逐出境。张之洞还向总理衙门建议，下令驻美外交大臣向美国提出抗议，要求美国停止暴行，严惩凶手，赔偿损失，抚恤死者。

为了保护华侨的利益，让身在异国的华侨也能感受到祖国的温暖，张之洞向朝廷推荐总兵王荣和等人为专使，到华侨分布最广的东南亚地区"宣布德意，联络商董，访查情形"。光绪十二年（1886）七月二十七日，王荣和等人从广州出发。他们历时1年，行程5万余里，先后访问菲律宾、新加坡、缅甸、印尼、澳洲悉尼等20多个国家、地区，每到一地，他们就代表华侨与洋人交涉，为华侨力争权益，受到侨胞的热烈欢迎。王荣和回来后，将一路所见所闻一五一十向张之洞汇报，张之洞认为向华侨聚居区派遣领事的时机已成熟，于是奏请朝廷，派王荣和出任驻菲律宾领事。临行之前，张之洞还购买了一批中国典籍，让王荣和捎给华侨，让华侨们学习传统文化，常思本源。

七是治理海南。海南岛是我国的第二大岛，清代在海南岛设琼崖道，辖3州10县，属于广东管理。早在汉武帝时期，就在海南岛建立了珠崖、儋耳两郡，将海南岛正式纳入我国版图。宋代之后，大批汉人进入岛内，与岛上的原住民黎族人一起开发海岛。由于海南岛地处偏远，孤悬海中，因此历来不被当朝者重视，只有在发配犯人时，才会想起这荒蛮之地。海南岛居民的生活十分困苦，与清政府关系紧张，不断有人揭竿而起，反抗官府。张之洞一改过去官府单一的高压政策，在派出冯子材率军镇压的同时，设置"抚黎局"，制订了《抚黎章程》12条，对海南岛进行了政治、军事、经济、交通、教育等方面的综合开发，如修筑了联通全岛的12条大路、在海口加筑炮台、设置黎族土司官"以黎制黎"、严惩侵占黎族田产农业者、免除新垦之田3年税赋、派老师教授汉文汉语等。海南岛文教十分落后，以至于"近十年以来每科乡试大率七八百人至九百余人，往往竟无一人获隽"。为激励海南学子的进取之心，张之洞奏请从广东全省考试录取生源中，给海南划出专门名额。这些措施在很大程度上缓和了阶级矛盾，也改善了当地居民的生活条件。

张之洞在两广总督任上，依旧延续着他"拼命三郎"的工作风格。与法军作战时，他"夜寐不过数刻，罕有解带安息之事"。战事结束后，他积劳成疾，却无心休养，因为"千条万绪，纷至沓来，无一非棘手之事，无一有可循之例"。5年中，他经手的款项何止千万，却没有一文落入私囊。为倡导廉洁之风，他在自己的官署后园辟畦种菜，并于草亭上亲撰一联："稼穑艰难君了教，菜根风味丈夫知"，一时传为美谈。

张之洞离任后，大理寺卿徐致祥于光绪十九年（1893）正月二十四日上奏，狠狠地参了张之洞一本，指责其在两广任内"探访本地富家，借端罚捐，数至巨万，恣意挥霍，亏耗国家帑项及私自勒捐者，总不下数千万两"。既然徐致祥都"实名举报"了，朝廷当然不能不闻不问，于是命继任两广总督李瀚章、两江总督刘坤一核查事实。巧的是，这两位都与张之洞关系不睦。李瀚章经过调查，认为那些钱财"取之于关蠹吏饕、博徒标匪，以及贪劣各员，而非抑勒于富家；用之于充饷济赈、利农恤士，以及营造各要工，而非销耗于无益。取贪诈非分之财，上资军国，下济士民，揆之理法，岂得为苛"，而且还为张之洞打抱不平："张之洞督粤时，正值海疆有事，政烦费钜，历年辛苦经营，时势亦与今不同。倘非身至其境，留心考核，固无以知其措施之迹与传闻之误也。"而刘坤一也同样态度鲜明地为张之洞洗刷不白之冤："该督臣系怀时局，力任其难……用款诚不免稍多。然揆其本心，实为图富强、规远大起见……该督臣谋国公忠，励精图治，上思朝廷依畀之重，下念同朝贵望之殷，必能张弛合宜，始终其事……"能够赢得对手的尊重和认可，足以证明张之洞确实是一个一心为公、勤政廉洁的好官员。

五、深耕湖广　大兴实业

1.卢汉铁路，贯穿古今

光绪十五年（1889）七月十二日，52岁的张之洞被朝廷任命为湖广总督，开启了他人生中最为重要和辉煌的一段行程。或许连他自己也没想到，他在这个位置上一干就是18年，直至光绪三十三年（1907）九月晋京入参军机，这在封疆大吏调动频繁的清代实属罕见。如果以在一地连续任职的时间算，整个清朝比张之洞干得长的，也只有担任直隶总督的李鸿章了。此时的张之洞正当壮年，山西、两广的官场历练，兴办洋务上的小试牛刀，绝对的权力，足够的时间，为张之洞在荆楚大地大有作为奠定了基础。事实也正如此，张之洞对湖北倾注了一生心血，使一个深居腹地、经济文化均处中等发达程度的省份，一跃而为晚清全国最重要的机器工业中心之一，为他的人生书写了最为浓墨重彩的一笔。

张之洞职务的变化，与他"遇事敢言"的性格有很大关系，当年朝廷命他担任两广总督，是因为他多次上奏，力主对法一战。而这次履新湖广，则是因为他最先提出了修建卢汉（卢沟桥至汉口）铁路的主张。

其时，铁路已经问世70多年，在西方正呈蓬勃发展之势，列强早已认识到铁路的巨大作用，相继建成了各自的主要铁路网。而在古老的中国，保守的人们却将这种新鲜事物视为洪水猛兽。中国境内最早的铁路出现在光绪二年（1876），那是一条由英国商人修建的、非常"短命"的铁路。这条铁路自上海至吴淞，长度只有十几千米。铁路的修建让上海官员和沿途百姓寝食难安，他们向朝廷抗议：铁路、火车都是不祥之物，铺设铁轨破坏了风水，火车古怪的样子和行进时发出巨大的声音太吓人了！这次，清政府的办事效率相当高，他们作出了一个在今天看来十分荒唐、愚昧的决定，当年十月，他们以28.5万两白银，也就是高于铁路造价3倍的价格将铁路买回，然后拆了！

朝廷如此态度，无疑粉碎了少数官员的"铁路梦"，十几年过去了，文武百官没人再提修建铁路的事情，古老的中国继续着千百年以来的慢节奏。直到光绪六年（1880），直隶提督刘铭传又提出了以北京为中心，向南、向西、向东分别修建4条铁路干线的建议。此议一出，又招来一片反对之声。侍读学士张家骧认为修建铁路有"生事""扰民""夺利"等三弊，"生事"指的是铁路一开，即使原来偏僻的地方也变得交通便利，洋人必然会涌入争利，滋生事端。"扰民"即是说铁路所过之处，定要毁掉一些农田、房舍、桥梁、坟地，给老百姓的生活带来麻烦。"夺利"是担心铁路建成以后，会抢了水路、陆路运输的饭碗。而内阁学士徐致祥又提出了修建铁路有靡费、资敌、弃驿站等"八害"。刘铭传修建铁路的迫切之心可以理解，但此建议确实存在着"一口吃个胖子"的贪大之弊。试想，即使朝廷有心修建，但一下子修建这么多条铁路，到哪里去搞那么多钱呢？由于朝中反对的声音强大，刘铭传的奏议就被否决了。

光绪七年（1881），因为开平煤矿运送煤炭的需求，李鸿章奏请朝廷同意，修建了唐山到胥各庄的铁路。这条约10千米长的铁路，虽然简陋，甚至一度以骡马作为牵引动力，但中国人毕竟有了自己修建的第一条铁路。

中法战争以后，朝廷对于修建铁路的态度有所改变。因为战争中运送兵力和武器弹药的快慢对战局有着十分重要的影响。铁路运输的适应性强、运力大、速度快的优势十分明显，与铁路运输相比，公路、水路的运送方式可谓慢如蜗牛。因此，总理衙门将建筑铁路列入议事日程。

光绪十四年（1888），李鸿章向朝廷提出了修建天津至北京通州铁路的建议。李鸿章这样做，当然有他自己的小算盘，天津是他的大本营，铁路一通，有利于北洋水师的建设，也有利于与京城方面的联系。此建议一出，又引起了朝野上下新一轮对于铁路的争议。反对者除了继续抛出他们以前的陈词滥调外，还针对这条铁路提出了具体理由：铁路不能建于京师之地，不能建于临海之地，铁路一修，京城据以防守的峻垒险关都不复存在了，如果外敌自边海攻占天津，便可由铁路长驱直入，京城就十分危险了。

对于修建铁路这种事关江山社稷的大事，自然少不了张之洞的声音。对于铁路在战争中的作用，作为中法战争的统帅，他的体会比谁都深。他早就想在广东修建铁路，但是广东要干的、急干的事情太多了，他的钱袋子里一时拿不出那么多钱来……光绪十五年（1889）三月初二，两广总督张之洞上《请缓造津通铁路，改建腹省干路折》，提出了修建另一条铁路——卢汉铁路的可能性。

按照张之洞的设想，这条铁路北起北京卢沟桥，南至湖北汉口，穿越河北、河南中原腹地，建成后，将是一条贯通中国南北的大动脉。不得不佩服张之洞的胸襟，身为两广总督，他没有考虑地方利益，而是站在了全局的高度。也不得不佩服张之洞的眼光，他把修建铁路的最大作用定位到促进国货流通、促进经济发展上，修正了过去人们过分强调铁路军事作用的观念，而且他列出了修建此路的 7 件好处，如：不近海口，不会引敌而来；一路原野广漠，易于勘避，减少扰民；路远站多，可广开商旅；有利军队调动；促进煤铁开采；方便漕饷之运等，在一定程度上打消了反对者的顾虑。奏折中，张之洞还建议将铁路分 4 段修筑，两年完成一段，8 年竣工，总预算 1600 万两，每年筹集 200 万两。计划成立铁路公司，由公司采取集股等方式筹集。这样一来，也等于替财政紧张的朝廷分了忧。

　　张之洞的奏折得到了朝廷的赏识，慈禧太后称赞他"其论甚壮，其志甚远"，醇亲王说他的想法"别开生面"。得到两位重量级人物的认可，最主要的原因是他的建议顺应形势、合乎国情，"有利于国，无损于民"，但其中还暗藏着另外一个原因，就是慈禧太后和主持朝政的醇亲王奕䜣叔嫂俩出于制衡李鸿章的需要。其时，满朝文武中，李鸿章位高权重，一人独大，他们必须找出一个人来牵制李鸿章。张之洞"无湘无淮"，素来与李鸿章不合，且是能够有望与李鸿章势均力敌的不二人选，所以慈禧太后和醇亲王在此事上支持张之洞，也是暗中对李鸿章放的"阴招"。

光绪十五年（1889）四月初六，朝廷令海军衙门详细复议张之洞所奏计划。4个月后，海军衙门同意修建卢汉铁路，并答应每年拨给200万两专用经费。

这对张之洞来说无疑是个天大的喜讯，正当他撸起袖子准备大干一场的时候，没想到劈头浇下一盆冷水，差一点让他的卢汉铁路成了黄粱一梦。原来，沙俄正在修筑一条自西伯利亚至我国东北边境的大铁路，这就对东北安全形成了巨大威胁。何况东北是清廷的老家，老家有事，清廷怎能不管？于是，朝廷改变计划，命令把修建卢汉铁路的款项先用于修建关东铁路，以抵制沙俄势力的入侵。

光绪二十一年（1895），张之洞再次请修卢汉铁路。此时，中国刚刚经历了甲午战争，血的教训又一次证明了铁路在战争中的重要性。朝廷很多官员都认为，中国没有贯穿南北的铁路动脉，致使运送军力和粮械不及时是战争失败的原因之一。对于张之洞的这次请奏，朝廷的态度很明确，办事效率也很高，很快下达了"铁路工程，亟宜举办"的谕令。只是战后国库更为窘迫，于是朝廷号召富商集资，并承诺"如有成效可观，必当加以奖励"，却几无响应者。正当张之洞为筹钱之事发愁之时，广东在籍道员许应锵、广东商人方培垚一干人等主动找上门来，称已招集商股上千万，请求承办。张之洞经过调查，发现这些人都是"洋买办"，意在攫取路权，于是果断予以拒绝。为筹集款项，张之洞想出了借洋款、成立铁路总公司、边修边筹款等办法，意图"萃四方之商力，注卢汉一路"。他推荐海关道员盛宣怀任铁路总公司督办，负责向洋人借钱。

张之洞要向外国借钱的消息传出后，美、法、德、英等国闻风而至，但他们"非为借款而来，意在包扫一切"，这和张之洞当初设想的只是借洋钱而不让洋人入股、永保路权的思路大相径庭。当时，比利时也有意伸手卢汉铁路，张之洞权衡再三，认为比利时是弹丸小国，"于中国无大志"，比较容易对付，也不会像那些大国一样"随时借端生波"，而且比利时是欧洲较早进入工业革命的国家，他们的工业水平不低于英、法等国。于是，双方于光绪二十三年（1897）在武昌议定了《卢汉铁路借款合同》，合同签订后，比利时在俄、法两国的怂恿下，称利息太低，要求重新签订合同。光绪二十四年（1898）六月，双方在上海签订《卢汉铁路比国借款续订详细合同》，清朝政府向比利时公司借款450万英镑（年息5厘，9折付款，期限30年）。该合同规定，筑路工程由比利时公司派人监造；所需材料除汉阳铁厂可以供应外，其余都归比利时公司承办，并享受免税待遇。在借款期限 30 年间，一切行车管理权均归比利时公司掌握，使中国完全丧失了该铁路主权。

1906 年 4 月 1 日，全长 1200 余千米的卢汉铁路全线正式通车。由于八国联军侵华时擅自将铁路由卢沟桥修到了北京城的正阳门外，因此铁路改称为"京汉铁路"。1909 年 1 月 1 日，中国终于还清了比利时的借款，正式收回了京汉铁路主权。

京汉铁路成为我国腹地最重要的南北交通干道，为中国的发展，尤其是中部地区的发展起到了重要作用，而且催生了石家庄、郑州等沿线枢纽大城市，直到今天仍然是全国铁路网的主干。

除此之外，张之洞还主持修建了广州至汉口的粤汉铁路、上海吴淞到南京江宁的沪宁铁路、天津南至镇江的津镇铁路（建成后改名"津浦铁路"）。这些铁路成为中国铁路建设的基础。尽管其中的筹钱之艰难、与列强博弈之辛苦，令张之洞劳心伤神、苦不堪言，但终于凭借过人的智慧和胆略，张之洞完成了"他人不愿为，且不能为"的大业，当之无愧地成为中国铁路建设的功勋人物。

2. 汉阳铁厂，称雄亚洲

光绪二十年（1894）的汉阳铁厂，其景象在今天看来依旧十分雄伟壮观。诚如当时一位外国人所述："登高下瞻，使人胆裂：烟囱凸起，矗立云霄；屋脊纵横，密如鳞甲；化铁炉之雄杰，碾轨床之森列，汽声隆隆，锤声丁丁，触于眼帘、轰于耳鼓者，是为20世纪中国之雄厂耶！"这个亲手缔造厂区的人，便是张之洞。

张之洞在两广总督任上，便已着手建设炼铁厂。选址、筹款、订购设备，厂子正在紧锣密鼓地建设之中时，他就被朝廷调往湖广了。按说前任走了，后任理应把这利国利民的事继续干下去。可是，继任者李瀚章却觉得这是块烫手山芋，他本来就是一个不愿多事的人，到了这把年纪，更不愿操这份闲心，只等着平平安安退休了。再说，弟弟李鸿章也给他出主意：炼钢炼铁，哪有说的那么容易？谁不知道张之洞向来大言无实，喜欢吹牛皮、出风头？花那么多钱，恐怕最后难以收场，咱还不如让张之洞把炼铁厂带到湖北去呢。你就等着看张之洞怎么丢人现眼吧！不管李氏兄弟怎么想的，张之洞心里倒是挺高兴，捡了这些宝贝，总比从头再来好多了呀！

光绪十六年（1890）四月，经海军衙门批准，炼铁厂移至湖北，并准许张之洞动用200万两修建卢汉铁路的专用经费。五月，张之洞即在武昌设立铁政局，派他的得力幕僚、曾任美国等国翻译参赞的蔡锡勇担任总办。张之洞心中如此着急，是因为盼着炼铁厂早一点生产出铁轨，他还等着建设卢汉铁路呢！

可是，炼铁厂一开始就遇上了麻烦。在选址问题上，大家七嘴八舌、意见不一。按照外国的经验，厂子应建在铁矿或者煤矿附近，以便就地取材，节约运费。李鸿章来电，要张之洞把厂子建在煤矿附近，但当时湖北并无大煤矿；盛宣怀则建议把厂房建在大冶铁矿附近的黄石港，但黄石港地势高洼不平、施工非常困难；张之洞则有意把厂房设在省城附近，这样便于他随时监管，也利于成品销售，这样做还有一个好处，就是他聘请的洋专家可以一人多用，因为在省城还有不少洋务企业等着他们。按照张之洞的安排，蔡锡勇等人在武昌附近勘察选址，几经周折，终于将厂址选定在汉阳大别山（今龟山）附近。这个地方就在武昌城对面，张之洞在他的总督府里就可以随时看到工厂的建设和生产情况。张之洞对新址很满意，他在致海军衙门的电报中说："今择得汉阳大别山下有地一区，长六百丈，广百丈，宽绰有余，南枕山，北滨汉，面临大江，运载极便，气局宏阔，亦无庐墓，与省城对岸，可以时常亲往督察，又近汉口，将来运销钢铁货亦便……"

光绪十七年（1891）正月，汉阳炼铁厂正式破土动工。自此，龟山脚下这片土地再无往日的宁静。张之洞从英国订购的机器陆续运到，数千名工人奋战在建设一线，30多位洋专家在现场穿梭指导……到光绪十九年（1893）九月，中国第一个近代大型钢铁工厂终于建成了！工厂占地10万多平方米，由生铁厂、熟铁厂、贝色麻钢厂、西门士钢厂、铁货厂、钢轨厂、鱼片钩钉厂等10厂组成，规模在当时的亚洲首屈一指。这不仅让国人感到骄傲，也引起了世界的震惊。美国驻汉口领事查尔德称："这企业是迄今日为止，中国以制造武器、钢轨、机器为目的的最进步的运动，因为这个工厂是完善无疵的，而且规模宏大，所以就是走马看花地参观一下，也要几个钟头。"炼铁厂的建成，甚至引起了外国人的担心，《东方杂志》刊载了西方人士的惊呼："汉阳铁厂之崛起于中国，大有振衣千仞一览众山之势，证诸领事之报告，吾人预知其不可量矣。中华铁市，将不胫而走各洋面，必与英美两邦，角胜于世界之商场，其关系非同毫发，英美当道，幸勿以么么视之。……呜呼！中国醒矣。"

其实，大多数的中国人和老外只是被工厂外在的宏伟气势所震撼，全不知工厂经营和管理的步履维艰……

按照张之洞的预算，工厂投资200多万两即可建成，但实际花费却远远高于事先的估计。工厂开工以后，增加了很多计划外支出，如添购焦炭炉、添修运矿铁路、派 40 名工人到比利时培训等，到光绪二十二年（1896）交商承办，共花了 568 万两银子，成为晚清洋务企业中耗资最多的企业。张之洞手里没钱，可朝廷也不讲信誉，承诺的 200 万两费用迟迟不到，令张之洞很是恼火。好，我张之洞不再傻等了，你不给我，我就自己想办法！只要精神不滑坡，办法总比困难多，你不给我钱，我也不给你钱！于是，张之洞从湖北上缴朝廷的各项赋税中截留了 200 万两！为了筹钱，张之洞绞尽脑汁，夙夜焦急。实在没辙了，他想起了曾经任职的广东。广东的家底他最清楚，李瀚章正在他张之洞栽下的大树下乘凉呢！他甚至想到了自己在广东时还有一笔余款，于是奏请朝廷，要向广东借 50 万银两。尽管朝廷同意了，尽管他一个劲地拍李瀚章的马屁，但李瀚章却找了很多借口，最后也没借给他。

炼铁离不开优质铁矿、煤炭。对于铁矿，张之洞心里有底，因为他早就安排大冶县令陈瑞兰开始了行动，探明了大冶铁矿的详情。这个矿山储量大、含铁丰富、铁质优良，以至于张之洞雇用的比利时、英国、德国等国的矿业专家也起了贪念。德国矿师马上将中国发现特大铁矿的消息报告给德国政府，德国政府又马上致电总理衙门，要求取得开采权。朝廷征求张之洞的意见，张之洞答复：必须断然拒绝。

铁矿的事张之洞不愁，他愁的是煤矿。有了原料没有燃料，炼铁厂也开不了炉。眼看着工地上一天天有了工厂的雏形，可煤炭还没有着落，张之洞心急如焚，先后3次派出十几路人马，足迹遍布湖北、湖南、陕西、山东及周边地区，但一直没有发现储量大、煤质好、有开采价值的煤矿。直到光绪十七年（1891）年底，才终于勘探到了离汉阳不远、储量丰富的大冶和江夏马鞍山煤矿。及至夏天，两矿正式出煤，才缓解了煤炭供应紧张的问题。让人颇感意外的是，光绪二十年（1894）夏，王三石煤矿突然挖出大水，只能停产弃用。剩下的马鞍山煤矿独木难支，产量还不够一座炼铁炉用的，而且煤炭含硫磺过多，不甚适于炼焦之用。无奈之下，张之洞只好一边购买河北开平煤矿的煤，一边花费巨资从英国、比利时、德国等国进口焦炭。即使这样，仍然无法保证供应。自炼铁厂成立以来，煤炭不足一直是制约炼铁厂发展的"瓶颈"。因为缺煤，炼铁厂一直处于半停产状态。这样一来，产品的数量、质量都受到了严重影响，甚至到了只要开工就会亏损的地步。

建厂难，管厂更难，虽然张之洞引进了西方先进的机器设备，却没有同时引进现代企业的经营理念和管理模式。炼铁厂系属官办，自然也带有很多官场流弊，用现在的话说，就是政府包办一切，外行管理内行，冗员严重，效率低下。那些官老爷不懂业务，只知道摆架子、讲排场，遇上事情便推诿扯皮。这些人身在工厂，自身利益却与工厂的生死兴衰毫无关系，所以即使工厂处于无钱可用、无煤可烧、无铁可炼的困境，这些人依然终日酣嬉，怡然置身事外，根本不管企业的死活。有人作过统计，张之洞建厂花费的560多万银两中，真正用到工厂建设上的只有200多万两，"其余皆系浮费之款，于公司毫无利益"。

想要炼铁厂正常生产，必须不断投入大量的资金。光绪二十一年（1895），中国在甲午战争中战败，按照《马关条约》的条款，要向日本赔偿2亿两白银。清廷本来就财力紧张，现在更得勒紧裤腰带过日子了。朝廷下令：所有官办企业一律改成官督商办，朝廷不会再拨款了！朝廷这样做，还有一个原因，就是中国所办的洋务企业大多经营不善，虽投资巨大，却未见明效。特别是那些军工企业，也未能制造出精良的、足够的军火兵舰。战事一起，朝廷还是要花巨资采购洋枪洋炮，令朝廷大为恼火。

对于此时已经身心俱疲的张之洞来说，这消息无异于雪上加霜。他已经到了山穷水尽的地步，虽然朝廷从没给炼铁厂拨过一分钱，但张之洞还是把朝廷看成是最后一根救命稻草，指望着它关键时候能够出手拉自己一把。现在，他彻底绝望了。万般无奈之下，张之洞作出了一个连他自己也无法接受的决定：将自己一手养大的"孩子"托与他人！对于卖给何人，张之洞心里充满矛盾，他不想卖给华商，他担心华商的财力、能力都难以经营耗资如此巨大的企业。他张之洞都搞不定的事情，别人就一定有能力让炼铁厂起死回生？但是，把炼铁厂卖给洋人，他又心有不甘，既担心养虎为患，以后受制于人，又担心将来政府无法入股分利。张之洞的态度左右摇摆，好在具体经办此事的蔡锡勇的态度比较明朗，他劝张之洞"似包与洋人不如包与华人为宜"，因为蔡锡勇的心里已经有了合适的人选——盛宣怀。

张之洞以前排斥盛宣怀，是因为盛宣怀与李鸿章关系密切。但现在，他似乎没有过多的选择余地，毕竟，在当时的中国，有能力而且有勇气接手炼铁厂的人没有几个。而盛宣怀作为一个商人，他才不管对方是什么人，他的眼里只有两个字——利益。何况经历甲午一战，他的靠山李鸿章的声望急遽下滑，北洋水师全军覆没，李鸿章又在丧权辱国的《马关条约》上签字，一时成为众矢之的，而以暂署两江总督身份参与战局的张之洞却声望日高。在盛宣怀心灵的天平上，已经偏向了张之洞一方。双方各取所需，一拍即合。光绪二十二年（1896）三月二十四日，双方在武昌签订协议，汉阳炼铁厂正式改为官督商办。

盛宣怀果然是个经营天才，改制之后，工厂的命运出现了转机。更让人感到欣慰的是，在江西萍乡找到了优质煤矿，彻底解决了困扰企业发展的燃料问题，使炼铁厂进入了正常的生产经营状态。光绪三十四年（1908），汉阳铁厂、大冶铁矿、萍乡煤矿3家企业组成汉冶萍公司，盛宣怀任总经理，并将公司由官督商办改为完全商办。自此，创办人张之洞与汉阳炼铁厂的缘分走到了尽头。

张之洞离开了，但是他倾注了20年心血的企业却在发展壮大。到清末，这里的钢铁产量占到全国90%以上，成为国内钢铁产业的"大哥大"。

汉阳炼铁厂自开炉到交商承办前的光绪二十一年（1895）十月，共生产铁5600余吨，熟铁110吨，生产贝色麻钢料940余吨，马丁钢料450余吨，产量之低与巨额投资不成比例，如果单纯以经济效益论，张之洞经营的汉阳炼铁厂无疑失败了，最后不得不把自己亲手养大的"孩子"拱手让人，想来张之洞心里也很不好受。但是，正如冯天瑜先生评价的那样："我们可以批评张之洞在创办汉阳炼铁厂过程中的种种失误，但绝不可因此抹煞他筚路蓝缕、以启山林的开创之功。"是啊，在晚清"风气锢蔽，昏庸在朝"的大环境下，张之洞仍然坚守着一颗为国为民之心，虽然他无法摆脱骨子里忠君卫道的思想局限，但毕竟为中国民族工业的发展打下了基础，特别是为我国重工业开了先河。试想，如果没有张之洞的"卤莽为之"，中国近代民族钢铁工业还不知道什么时候才能起步呢。

3. 制造枪炮，锻造利器

在很多文学作品和战争影视剧中，我们认识了一种叫"汉阳造"的步枪。这种步枪在中国前后生产了将近50年，从清政府的新军到抗日战争时期的八路军再到抗美援朝时期的志愿军都装备此枪，堪称中国战争史的一个传奇。这支大名鼎鼎的步枪，就出自张之洞创办的湖北枪炮厂。

光绪十七年（1891）正月，在汉阳炼铁厂开建的同时，湖北枪炮厂也在同地开建了。与炼铁厂一样，枪炮厂当时的全部家当也是从广州搬过去的。但枪炮厂的搬迁却没有炼铁厂那么顺利。原来张之洞调离广东后，李瀚章想把枪炮厂交由北洋接管。一向热衷于军工企业的李鸿章也颇有此意，想把工厂转到通州或天津，置于北洋控制之下。所以当张之洞奏请将枪炮厂移至湖北时，遭到了李鸿章的反对。李鸿章提出两点反对意见，一是开厂需要大量资金，湖北恐怕拿不出这笔钱；二是枪炮厂适宜设于沿海地区，而湖北地处内陆。张之洞反驳说，搬到湖北有三大好处。其一，枪炮厂附近有煤铁之便；其二，湖北为九省通衢，枪炮造出后运输方便；其三，可以打开内地闭塞风气，促进内地经济发展，且有利于西路边防。面对两大权臣对枪炮厂的争夺，朝廷最终同意了张之洞的意见。

在广东时，枪炮厂名为枪弹厂，是因为既不能造枪，也不能造炮，只能生产子弹。但张之洞已经通过清政府驻欧大使与德国人联系，准备引进毛瑟71式步枪生产线。张之洞只知毛瑟步枪是当时最好的步枪，却分不清毛瑟步枪还有诸多的型号。其实，他看中的这款毛瑟71式步枪已被德国军队所淘汰，因为这款枪填装的是黑火药，发射后会产生烟雾和残渣，影响下一次射击，德国人已经研制出了使用无烟火药的新式步枪了。湖北的工厂还在建设中，张之洞又有了新的主意，因为他听说德国人又研究出了更为先进的步枪。张之洞不知道，这款枪被称为"1888式委员会步枪"，并非出自毛瑟工厂，从技术上讲，的确世界领先，但新的产品还没有经过实战的检验，在后来的使用中出现了装弹退弹困难等问题，枪支的可靠性大打折扣。所以德国人在毛瑟工厂研制出新步枪后，立即更新了设备。这款令德国人头疼的1888式委员会步枪被加价后卖到中国，有了一个很中国化的名字——"汉阳造"。

湖北枪炮厂的建设还算顺利，光绪十八年（1892）开工建设，光绪二十年（1894）六月完工。七月初，张之洞亲自到厂视察，只等着生产出好产品，好好庆贺一番。谁想天不遂人愿，十几天后，厂区突发大火，大火连烧 4 个小时，将机器设备毁灭殆尽。厂子正待投产之际却遭此噩运，不由得令张之洞捶胸顿足，连呼老天不公！一场大火眨眼间将两年辛劳烧为一团灰烬，却烧不掉张之洞的信心。他于一片废墟之中重整旗鼓，一边修复，一边扩建，1 年之后，一座新的工厂建成了！

按照张之洞的要求，产品要求精求新。湖北枪炮厂与上海、南京、天津等地其他洋务军工企业相比，设备、产品明显占优。七九式步枪、口径 6 至 12 厘米的陆路快炮、过山快炮，均属当时较先进的军事装备。特别要提到伴随着中国军队发展壮大、令敌人闻风丧胆的"汉阳造"，这种存在着诸多问题、令德国人头疼的枪支，经过中国人的改造，比如用圆头子弹代替尖头子弹来解决可能出现的炸膛问题，用增加枪管厚度的方法使枪支承受更大的冲击力等，已经使之成为一支可靠耐用的好枪。据统计，"汉阳造"一共生产了100 多万支，直到 20 世纪中期，依然是中国主要的步兵武器。

求精求新之外，张之洞还求大求全。枪炮厂不仅能生产枪、弹、火炮，而且也能生产炮架、铜底火等，形成了从原料到成品皆能自制、无一外购的生产体系。

光绪三十年（1904），张之洞认为"枪炮厂内分厂林立，厂各有名，非'枪炮'二字所能包括"，于是奏请朝廷将其改名为"湖北兵工厂"，1908年，又更名为"汉阳兵工厂"。

张之洞的继任者陈夔龙在奏折中报告了湖北兵工厂的生产实绩：计自开机制造以来，共造成步、马快枪11万余支，枪弹4000余万发，各种快炮740多尊，前膛钢炮120多尊，各种开花炮弹63万余发，前膛炮弹6万余发，无烟火药约15万公斤。湖北枪炮厂已成为晚清规模最大、设备最先进、产品质量最好的军工企业，张之洞的学生吴禄贞称该厂"植中国军械专厂之初基"。

4. 布衣兴国，蓝缕开疆

张之洞将他主持创办的汉阳铁厂、大冶铁矿、马鞍山煤矿、湖北枪炮厂称为四大重工业，而把湖北织布官局、纺纱官局、缫丝局、制麻局称为四大轻工业，把它们看作"自相挹注"的工业体系。张之洞真是一个兴办企业的狂人，四大重工业已经让他寝食难安、焦头烂额，他为什么又去开办布、纱、丝、麻四局呢？这不是自讨苦吃吗？其实，张之洞虽然能干，却并不蛮干，他这样做自有他的想法。往大处说，他是想在武汉建立中国的纺织工业基地，重振传统行业优势、抵制洋纱洋布；往小处说，他是希望通过办厂挣到大把大把的银子，以补贴步履维艰的炼铁厂和枪炮厂。只是，理想与现实之间的关系往往鸿沟相隔，他的美好愿望能实现吗？

第一个目的可以说基本达到了。张之洞到湖北之时，湖北近代纺织工业还是一片空白，而经过张之洞的一番作为，布、纱、丝、麻四局相继建成，构成了比较完整的近代纺织工业体系，使武汉一跃成为华中地区最大的纺织工业中心。以率先建成的织布局为例，这家位于武昌文昌门外的工厂，光绪十七年（1891）一月动工，两年后开机生产，规模大，技术先进，装有英国进口的布机 1000 台、纱锭 3 万枚，雇工 2500人。产品有原布、斜纹布、花布、面巾等，每月生产布 2000 匹，每匹布 10 丈。投放市场后，行销各省，供不应求。所谓此消彼长，自湖北设织布局投产以来，每年仅汉口一地，进口的洋布就比往年减少了 14 万匹。

如果说张之洞的第一个目的基本达到了，那他的第二个目的，则基本没达到。建厂本身就需投入大量资金，张之洞未得其利，反受其累，因为筹措 4 家工厂的建设和运转资金而陷入了更大的泥潭之中，什么高息借款、负息购机、召商集股，能想到的办法都试过了，即使东挪西借，也只是勉强支撑。刚开始时，织布局尚能做到"略分洋利"，而光绪二十三年（1897）建成投产的纺纱局经营状况也不错，光绪二十五年（1899）一年就挣了5万多两，但终因后期资金投入不足、经营管理不善等原因陷入困境。退一步说，即使湖北四局能有盈利，对于亏蚀巨大的炼铁厂、枪炮厂来说也是杯水车薪、无济于事。当然，湖北四局在经营上的失败不能完全归咎于张之洞与他的手下，也与其所处的大环境息息相关。四局的开办可谓生不逢时。其间，中国相继发生了中日甲午战争、戊戌变法运动、八国联军侵华战争等重大事件，对清政府的经济政策造成了较大影响。对外的巨额赔款，使本已捉襟见肘的国家财力雪上加霜。列强获准在华开办工厂，相应地，政府也开始鼓励私人兴办企业。而像湖北四局这样带有官方背景的企业一旦失去了政府的支持和庇护，大多无法摆脱走向没落的命运。光绪二十八年（1902），湖北四局以打包的形式，承包给了广东商人韦应南。光绪三十三年（1907），又由其父韦尚文接办，这便是武汉地区近代私营纺织行业的起始，有了"应昌股份有限公司"。

值得一提的是，张之洞在创建湖北四局的过程中，既表现出封建官僚的衙门作风，又表现出企业家谨慎细致的务实态度。

比如湖北纺纱局，张之洞采用了官商合办的形式，初期60万两的建厂费用，由官府与商人各出一半，双方共同派人管理。这边还没等商人派出人选呢，那边张之洞已经任命了督办、总办、厂务督办、兼管等一干人等。商人们想，说好的平等呢？说好的权利呢？这一开头官府就如此强势、揽权，以后我们还怎么跟官府合作？不由得打起了退堂鼓。张之洞想得倒也简单，好，你们不是想说了算吗？那官府退出，你们办，不管你们是挣是赔，老子只拿利息就是了！可这只是张之洞的一厢情愿，精明的商人们可不愿意让张之洞做成这笔旱涝保收的生意。对于商人们的态度，张之洞心里既委屈又恼火，在他的意识里，从来都是官府为大。办厂子，官府出了地，出了钱，商人只不过是跟在官府后面的小喽啰。现在，你们还想说了算，那我的企业到底是姓公还是姓私呢？既然你们这么不识抬举，我张某人就不带你们玩了！于是，张之洞将纺纱局改为全部官办，退还了商人的15万股本，剩下的15万当作借款，年息8厘，如此一来，无形中又加重了企业的经营成本。

湖北虽然蚕业发达，但丝绸织造还沿用着传统工艺。与机器生产的丝绸相比，产量低、质量差，所以利润不高，销路不畅。张之洞看在眼里，急在心里，他想到了"官开其端，民效其法"的办法，即由官方先办一个缫丝厂，让当地那些从没有见过机器缫丝的老百姓看看机器生产的优势，引导和鼓励老百姓效仿，从而促进中国的缫丝工艺水平的提高。虽然内心焦急，但张之洞并没有贸然出手，而是先做好市场调查。他派人到上海考察学习，并将湖北的蚕茧在上海试缫，看看到底能不能适合机器所用。看到蚕茧没有问题后，才开始选厂址购设备。在选择工厂的管理者上，张之洞也煞费苦心，挑来挑去，最终选定了候选同知黄晋荃。这黄晋荃是个富豪，已经在上海开了多年机器缫丝厂，在汉口也有丝绸生意，可以说既是业内的资深人士，又是个"武汉通"。事实证明，张之洞确实选对了人。张之洞署理两江总督期间，缫丝厂的经营管理全由黄晋荃一手打理。不仅如此，张之洞还劝说黄晋荃拿出两万两银子投到厂里。开始黄晋荃不情愿，但架不住张之洞的多次游说，最终不光拿上了银子，还从上海招募了一批熟练女工去武汉工作。光绪二十一年（1895），湖北缫丝局建成投产，厂里有 300 多名工人，每天能生产上等品 30 斤，普通品近 20 斤，产品全部销往上海。

在湖北四局之中，位于武昌平湖门外的制麻局规模最小，但张之洞也没少操心。因为当时中国没有一家机器制麻的企业，而麻的生产工艺比棉、毛、丝更为复杂。为了少走弯路，张之洞从德国进口设备，从日本聘请技术人员，从开工到投产，历经五六年时间，先后投入资金 70 多万两。相对于其他三局，史料上关于制麻局的记载最少，但这并不影响它在中国工业史上的地位，因为这是中国第一家机器制麻的企业。

5. 扶持民企，试水城建

张之洞对民族工商业十分重视，他曾说过："日后中国岂能以兵存，仍是以商存耳。"除了自己不遗余力地大办企业之外，他还对民族工商业给予了一定支持。他表示自己兴办企业的目的之一是"官为商倡"，自己"试水"成功后，可以带动和吸引更多的商人"下海"兴商。在武汉，张之洞开办了汉口商务公所（实质上就是一个常设的土特产商品展销会）、汉口商务局（汉口商务总会前身）等机构，成立了专门研究货物生产、销售的商学会，倡导出版了《湖北商务报》。光绪二十八年（1902），张之洞在兰陵街创办两湖劝业场，陈列国内外商品，以备参观采买。另外，他还通过为民营企业免税等具体措施，营造经商的浓厚氛围，促进当地商业的发展。在张之洞的大力推动下，湖北民营经济有了快速发展。据统计，光绪二十一年（1895）至民国二年（1913），武汉地区有厂矿 28 家，资本总额 1724 万元，均仅次于上海，居全国第二。

这么多私营企业中，有一家叫作燮昌火柴厂的企业特别引人注目。不仅仅是因为这家企业是纯民营企业，没有一分官方资本，也不仅仅因为这家企业后来成为国内规模最大、销量最高的火柴厂，从"洋火"手里抢得了一杯羹，还因为这家企业参与到了武汉城市基础设施建设中，为武汉成为当时的"东方芝加哥"立下了汗马功劳。

在张之洞的推动下，武汉成为国内重要的工业城市，九省通衢的地理位置优势，较为宽松自由的营商环境，使武汉成为世人眼里的投资热土。光绪二十二年（1896），上海知名的企业家叶澄衷派自己的得力助手宋炜臣觐见张之洞。这是外省第一个主动找上门来洽谈投资的商人，而且背后是来自上海有实力的大企业，张之洞自然举双手欢迎。当他听说对方要在武汉投资10万两建设火柴厂时，不禁对这位刚刚30岁的青年人有了好感，称赞宋炜臣是有为之士，因为张之洞就喜欢那些有胆量、有骨气，敢跟洋人叫板的中国人。他曾经说过："鄙意欲令华商华工多制洋货。"还有一个宋炜臣不知道的原因，张之洞对开办火柴厂也早有想法，也曾邀请华商来武汉建厂。火柴是中国人不可缺少的生活用品，但是，中国的火柴工艺落后，市场上，产自日本和欧洲的火柴占据着绝对份额。张之洞欣喜之下，送给宋炜臣3件见面礼，其一，张之洞大笔一挥，批给宋炜臣75亩地建厂房。其二，张之洞向宋炜臣承诺，10年之内，武汉地区不会出现第二家火柴企业。其三，火柴销售享受优惠的税率。

有了张之洞的支持，火柴厂的建设一路绿灯。建成后的火柴厂按照不同的工序设有12个车间，最多时有2500名工人。大家按照分工，各司其职，形成了严密而规范的工作流程，已初具现代化企业的管理模式。投产后的效益也相当不错，第一年就获利白银25万两。另外值得一提的是，燮昌火柴厂还是武汉最早使用产品商标的企业，当时，他们的"双狮""单狮""三猫""三鸡"等商标，都是家喻户晓的知名品牌。

张之洞在与宋炜臣的交往中发现，宋炜臣不仅有着过人的商业头脑和经营才干，更难能可贵的是，他还是一个有着实业救国抱负和追求的爱国商人。所以张之洞很欣赏他，与他过从甚密，而且多次提供便利，替他摆平事端。

燮昌火柴厂产销两旺、利润丰厚，而且打破了洋火一统天下的格局，不断扩大着市场份额，引起了日本人的嫉妒。日本领事水野幸吉在他所著的《汉口》一书中哀叹："最近驱逐本邦（指日本）之火柴于市场，湖南、河南之火柴业，目下为燮昌公司所独占。"日本商人坐不住了，提出也要在武汉建火柴厂。张之洞和宋炜臣以早有"十年之内武汉不新建火柴厂"之规定为由不答应，张之洞还通知日本领事，意欲通过日本领事向日本商人施压，打消其痴心妄想，但日木领事却不肯出面，听任日本商人继续交涉。双方相持了一段时间，看到张之洞态度坚决，毫不松口，日本商人也就死了心。

光绪二十四年（1898），日本人开始在汉口设立租界。随着武汉经济地位的提高，自光绪三十三年（1907）开始，日本人又要求扩建租界，而且别有用心地把邻近租界的燮昌火柴厂纳入了拓界区域。单凭一己之力，张之洞很难阻止日本人建租界，但他却不甘民族企业落入虎狼之手。他同日本领事水野幸吉据理力争。日本人虽然自觉不可一世，但在张之洞这样的"硬骨头"面前却也占不到任何便宜。最后，事情还是以日本人的妥协告终，双方签署的条款规定："燮昌火柴厂照常开设，不致勒令迁移，不能苟待，与日本商民一律看待。"这样一来，燮昌火柴厂即使身在租界之内，但企业的经营和权益没有受到任何影响。

如果宋炜臣一生专注于火柴厂的经营，他最多成为中国火柴业的巨头，但宋炜臣是个干大事的人，他让武汉这座城市深深地打上他的个人烙印，被称为"汉口的头号中国商人"。

光绪三十三年（1907），宋炜臣联络上海、浙江和本地 11 名商人一起，向张之洞呈请开办汉口既济水电公司。当时，武汉只有租界才能用上电，其他地方的居民只能依靠煤油灯、植物油灯作照明。而自来水更是新鲜事物，无论中国人还是洋人都只能饮用经过简单处理的江水。水电发展乃大势所趋，市场广阔且有利可图。此前，已有不少洋人主动找上门来，要求为中国人"办好事"，但张之洞有自己的想法，他认为，像这种事关民生的工程，绝不能受制于外人，所以他坚决拒绝了洋人的"美意"。可以说，宋炜臣的这一做法，又做到了张之洞心坎里。张之洞立即批准了建厂申请，他不仅从资金上支持，拨了30万元作为官股，还从政策上给予扶持，规定汉口地区除租界以外，不得另设该类公司。同时，一向专权的张之洞表示："其用人理财诸事，官不干涉，以清权限。"这一方面说明张之洞的思想在与时俱进，对政府与民营企业的关系有了新的认识，另一方面说明宋炜臣已经取得了张之洞的绝对信任，他们之间的关系已经很"铁"了。

光绪三十三年（1907）七月，汉口既济水电公司在英租界太平路正式成立，宋炜臣出任公司总经理。八月，水电两厂同时破土动工。电厂建于大王庙汉水边，水厂建于硚口襄河岸边韩家墩宗关。两年之后，既济电厂首先落成。装机容量1500千瓦，其规模超过当时上海、广州、北京的电厂，占全国经营电厂总容量的1/3，居全国民营电业之冠。电厂建成后，当年即在武汉地区繁华地段安装电灯18000盏。可以想象，当几千年一片黑暗的夜晚被现代文明的灯火点亮之时，市民们是何等的兴奋与惊喜！

1909 年（宣统元年），水厂也建成了。一座高达 40 多米的水塔，在周围一片低矮的民房的衬托下显得格外高大。的确，在随后的 70 多年里，这座水塔成为武汉的标志性建筑，它见证着城市的沧桑变化，成为几代武汉人脑海里挥之不去的记忆。水塔作为城市的"第一高度"，一直到 20 世纪 80 年代初才被改革开放后武汉第一栋高楼晴川饭店所取代。

水厂铺设水管 100 余千米，日供水约 23000 吨，1909 年开始送水。但让人没有想到的是，从小喝惯了江水、井水的市民一时无法适应自来水的味道，而且担心喝自来水会烂肚肠，所以大家对自来水并不认可。为了打消大家的顾虑，宋炜臣亲自上阵，在汉正街供水站来了一次现场表演。他打开水龙头，接了满满一杯自来水，在众多市民的观望之下一饮而尽，并且向市民承诺：大家可免费试饮一月，如果身体没有什么不适，大家再接着饮用。宋炜臣的行动和诚意打动了大家，也使得他的个人声望又一次得到提升，以后人们提起他时，常常称他为"武汉饮用自来水的第一人"。因为张之洞的支持和宋炜臣的实干，武汉人有幸成为当时中国第一批用上电灯和自来水的市民。不仅如此，连租界的洋人也请求水厂铺设水管，喝中国人生产的自来水。

除了上面讲到的，张之洞在湖北主政期间还支持架设了湖北境内的有线电报线路，支持商人刘歆生开办了中国第一家商办电话局，主持修筑了武昌南北长堤和汉口后湖长堤，开办了湖北银元局、铸钱局、官钱局等。

张之洞督鄂18年，兢兢业业，事必躬亲，"心血耗尽，夜睡仅五六刻，午睡仅三四刻，且甚艰难……每饭一瓯，仍不消化"。经过他的运筹帷幄、身体力行，终于在武汉建立起了包括冶金、矿业、军工、纺织等行业的门类比较齐全的近代大工业体系，奠定了近代民族工业的根基。武汉的经济地位不断提升，超天津，追上海，一跃成为中国举足轻重的第二大经济强镇，对推动全国近代工业的发展起到了一定的积极作用。张之洞曾在黄鹤楼上草拟一联："昔贤整顿乾坤，缔造先从江汉起；今日交通文轨，登临不觉欧亚遥。"虽不乏自得之意，却也不违实情。

一个人，造福了一方百姓，一个人，成就了一座城市，张之洞的名字，也被永远铭记在他为之奋斗了将近20年的荆楚大地上……

六、倾心教育 兴学育才

1.改旧书院，建新学堂

张之洞的一生，是非常充实、忙碌的一生，不夸张地说，他用一生的时间，干了别人好几辈子都干不完的事情。倘论其一生的成就，不能不提他在办企业、兴教育上的作为。据不完全统计，张之洞担任湖广总督18年，共创办近60所新式学堂，在湖北地区创立了国内领先的比较完整、配套的近代教育体系。细细想来，张之洞办企业，有一点时势所逼、为国分忧的责任感驱动，而建书院、办学堂才是他真正醉心的一生最爱。诚如四川总督赵尔巽所说："其生平精神之所寄，尤在振兴教育，储养人才。"张之洞认为，"中国不贫于财而贫于人才""学术造人才，人才维国势"。所以他始终把兴学育才看成立国强邦的重大举措、"当时急务"的头等大事。在湖北期间，张之洞兴办了大量企业。在办企业的过程中，他时时感到通晓时务人才的极度缺乏，深受中国无人可用的掣肘，不得不高薪聘请国外技术人员。所以对企业人才的急需，也使他的教育观念发生了改变。然而他始终坚持"中学为体"的观点，将读经科目放在所有课程的首位，但并不妨碍他效仿西方资本主义国家先进的教育制度，有针对性地培养学生的"经世之用"，以至于有的外国人称他为"一个非常稳健的主张欧化的人"。

张之洞对书院情有独钟，他走到哪里，就把书院办到哪里。他先后于湖北办经心书院，四川办尊经书院，山西办令德书院。这次到了湖北，他当然要先去视察一下他创办的经心书院了。作为当年书院的创办人，如今刚刚就任的总督大人，张之洞对这次故地重游充满了期待，他甚至多带上了几个手下，好让他们看看自己当年的政绩。谁料到那里一看，张之洞不由得脸上发烧、大失所望。原来，自张之洞离开后，书院已经 20 年没有修缮了，不久前又遭大水冲灌，校舍破陋不堪。张之洞一言不发，立马打道回府，旋即筹集资金，修整校舍，并对书院进行了大刀阔斧的改革。

张之洞首先理顺了书院的管理体系，把书院的负责人由"山长"改为"监督"，实行了"监督""提调""监院""教员"四级分工负责制。对于能够进入书院学习的优秀学生，每人分配单间，发生活费，发校服，根据考试结果发奖学金，此举既可以让学子们专心读书，又能吸引更多的优秀学子报考书院。在课程上设置外政、天文、格致、制造4门，重点学习国外的政治、天文和制造。为适应洋务的需要，张之洞还要求学校配备外语教师，所有的学员必须学习数学。经过改革，经心书院由一个传统教育机构发展成为一个新式学堂。

光绪十六年（1890）四月，张之洞在武昌营坊口都司湖畔创办两湖书院。之所以取名"两湖书院"，是因为建院经费是由湖北、湖南两省茶商捐助的。所以书院也是面向两湖地区招生，每省各收100名，由各省学政推荐保送。被保送者必须是"或才识出群，或多闻博览，或志行不苟，或好学深思"。为报答茶商资助，特地另设40个名额给商籍学生。后来为了保证生源质量，把保送制改为了招考录取制。书院学制5年，开设经学、史学、理学、算学、经济学5门课程，后又增加了天文、地理、测量、化学、兵法等科。学生每月初一、十五两次小考，每学期一次大考，由张之洞亲临主持。作为晚清时期湖北省的最高学府，两湖书院的师资力量非常雄厚，张之洞的第一幕僚、原广雅书院院长梁鼎芬出任院长，著名史学家沈曾植、地理学家杨守敬、地理学家邹代钧、数学家华蘅芳、教育家黄绍箕等学界名流都曾在此执教。"牛"老师也教出了"牛"学生，如清末维新派领袖、自立军领导人唐才常，辛亥革命领袖黄兴等都曾在两湖书院就读。

自强学堂，武汉大学前身，是光绪十九年（1893）张之洞为培养"精晓洋文"的外交人员，奏请清政府创办的中国近代教育史上第一所真正由中国人自行创办和管理的新式高等专门学堂。

读者注意，张之洞请立自强学堂的时间正是1893年11月，这是个有点意思的时间节点，就在10月份，历时3年的汉阳铁厂刚刚建成。由此看来，张之洞创办自强学堂的想法一定由来已久，只是苦于被铁厂事务拖累，分身无术。所以铁厂刚刚建成，他便迫不及待地上奏要求开办新式学堂。铁厂的建设和以后的生产急需大量人才，他的迫切愿望和急切心情，从他的奏折中就可以看出："洋务日繁，动关大局，造就人才，似不可缓。亟应及时创设学堂，先选两湖人士，肄业其中，讲求时务，融贯中西，研精器数，以期教育成材，上备国家任使。"

自强学堂位于武昌城内铁政局旁，开办初期，设方言、格致、算学、商务4门，每门计划招收20人。此处的方言非指我国地方语言，而是专指外语。随着张之洞与西学、与洋人接触的增多，他逐渐意识到外语的重要性。他认为："若非精晓洋文，即不能自读西书，必无从会通博采。"外语"为一切西学之阶梯"。后来，张之洞调整课程设置，因中国无合适教材，停开格致、商务两门，将算学移入两湖书院，原来的方言、格致、算学、商务4门课程中，只留下方言。开设英语、法语、德语、俄语4个专业，光绪二十四年（1898）又增设日语专业，每个方言专业招收30名学员。录取条件是"以华文为根底，以圣道为准绳"。光绪二十八年（1902）六月，张之洞为迎合慈禧太后的"新政"，将自强学堂改名为"方言学堂"。

自强学堂、方言学堂是张之洞悉心创办的近代新式学堂，一改中国传统书院"学不分专门"的旧习，而是仿照西方高等教育模式，分科教学、按班授课，在当时就引起了社会强烈反响。光绪二十八年（1902），清廷管学大臣张百熙在《奏办京师大学堂疏》中称："查京外所设学堂，已历数年，办有成效者，以湖北自强学堂、上海南洋公学为最。"

提起张之洞的功绩，人们往往只提到他在工业上的贡献，似乎他在农业上无所作为，其实不然。在张之洞的心里，"富国之本，耕农与工艺并重"，"农务尤为中国之根本"。早在光绪十七年（1891），张之洞开办织布局时，就从提高原料质量的角度考虑，从农业发达的美国引进了大量棉花种子到湖北试种。署理两江总督期间，他在南京创办的储才学堂就设有农政科，分为种植、水利、畜牧、农器4门。他还上奏朝廷，请求在江西省高安县建立蚕桑学堂。

中国是一个农业大国，但农业技术水平却非常落后，到晚清时期，国外的农业已经进入机械化时代，而中国几千年来的耕种方式几未改变，还停留在依赖人力畜力、靠天吃饭的阶段。而当时湖北的农业情况更为糟糕，连年的旱涝灾害严重影响了庄稼的收成，而国外进口的粮食价格又高，穷苦的老百姓无钱购买，只能忍饥挨饿。张之洞面临着振兴农业，解决老百姓温饱的现实问题。

光绪二十四年（1898）十月，经朝廷批准，张之洞开办的湖北农务学堂（今华中农业大学前身）于武汉保安门正式开学。张之洞希望通过开办学堂，使湖北"野无旷土，凡土皆有出产，境无游民，凡民皆有技能"。他从美国和日本聘请农业专家任教，并从西方购置新式农具和良种。据《华中农业大学校史》记载："农务学堂设农、桑两科，学制4年，前2年为补习预科，后2年为正科。开设国文、日文、数学、物理、化学、动物、植物、种植、畜牧、茶务、蚕务等课程。后来实际学习时间是5年，第一届学生至光绪二十九年（1903）秋季毕业。"张之洞认为"农学非试验难收实效"，为了培养既有知识又有能力的农业人才，他把教学、试验与推广相结合，在学校建立了实验室、育种室、化学室。他还拨给学校 2000 亩试验田，并将学校迁至试验田附近。另外，张之洞还委托美国、日本的农业专家，对湖北农业情况进行调研，对当地主要农作物的单产和产值进行了统计分析，为日后的决策提供了帮助。

在创办农务学堂的同时，张之洞又开设了工艺学堂，目的是培养工师（工程师）和匠首（技师）两类人才。张之洞聘请了两名日本教员，分别讲授理化学和机器学，具体的分科有十几项。学堂学制 3 年，有职工 30 余人，招收学生 60 名，还有 30 名学徒。张之洞在筹建时的设想是"开设工艺共十门，每门派正副匠首一名，各领学徒数名"，"一汽机，二车床，三翻沙，四绘图，五木作，六打铁，七打铜，八玻璃，九蜡烛，十肥皂、香水"。但开学后工艺学堂的规模和成效与张之洞当初的想法还是有不小差距。之所以会出现这种结果，主要的原因是当时士子对"工艺"并不感兴趣，大多数读书人的志向还是想博取功名、当官入仕，做"治人"的"劳心者"，而不屑于去做"治于人"的"劳力者"。由于报考的读书人很少，招不到有志于"工师"的优秀学生，学堂只得降低招生条件，以培养"匠首"为主了。

2.首创师范，造端教师

光绪二十八年（1902），在清政府教育新政的号召和刺激下，各地出现了一股"办学热"。大量学堂的出现，令原本就存在的师资不足的问题日益突出。特别是新式学堂的老师，更成了稀缺人才。培养一批适应新式教育需求的教师，成为教育界的共识。张之洞向来重视师范教育，他认为"师范学堂为教师造端之地，关系至重"。何况他治下的湖北新式学堂更多，很多课程往往因为一师难求而不得不暂缓开设。这年5月，张之洞在武昌城东宾阳门南设湖北师范学堂，这是中国近代教育史上最早的独立完备的师范学校，也是我国第一个官办中级师范学堂。张之洞主张师法明治维新之后形成的日本教育体制和理念。他不仅倡导留学东瀛，而且采取异域取材为我所用的办法，从日本聘请教习或顾问。他自光绪二十四年（1898）年初即与日本东亚同文会建立了联系，先后聘请了24名日本教习和顾问到湖北各学堂任教。学堂开办之前，张之洞派出31人远赴日本，考察学习办学经验。学堂设立后，他又聘请日本教员为总教习。学堂除了开设普通学科外，还增加了师范专业必修的教育学、教授法、学校管理法等。每年招收120名学生，学制2至3年。为了培养急用人才，学堂还设立了速成班，招收有一定基础的学生，1年即可毕业。

光绪二十八年（1902），两江总督刘坤一病逝，张之洞又一次代理两江总督。他上奏开办三江师范学堂，为两江总督所管辖的江苏、安徽、江西培养师资力量。同湖北师范学堂一样，三江师范学堂也带有浓厚的"日式教育风格"。前期张之洞照例是派人到日本学习考察，并致函日方，提出"拟聘贵国师范教员12人"的要求，请日方"物色性情恳勤、品行端正且具有教育经验和历练者"。很快，双方签订了协议，明确了聘请日本教习的数量、聘期、所任科目、课时、薪水、川资、诊疗费用等具体事项。学堂设在南京北极阁以南，招收学生900人，其中江苏500人，安徽和江西各200人。一、二年速成科和三年本科毕业的，分配到小学任教；四年本科毕业的，分配到中学任教。

虽然是新式学堂，但张之洞依然重视传统教育。他准备招聘一批饱学之士担任国学老师。张之洞对此要求甚严，结果参加考试的370多人中，只录取了20人，与拟录取50名的原计划还差很多。按说这20人都是学子中精挑细选的佼佼者了，但张之洞还不放心，要求对这20人再进行面试，以保证教学质量。在张之洞的精心管理下，学校规模迅速扩大，优良校风开始形成，进而发展为东南第一学府，为中国培养出了一批优秀人才，如著名科学家周仁，国学大师胡小石、陈中凡，国画大师张大千等。

关于这个师范学堂为什么起名"三江"，有人说江苏、安徽、江西同处长江中下游地区，这个地区在古代被称为"扬州"地区，"扬州"有"其川三江"之说。还有人说安徽在历史上曾属江南省，三江就是"江苏（或江宁）"、"江南"、"江西"的简称。光绪三十二年（1906）夏，时任两江总督周馥认为学堂名为"三江"意义含糊不明，于是将三江师范学堂更名为"两江优级师范学堂"。民国三年（1914）后，又改为"南京高等师范学校"。

光绪三十年（1904），张之洞投入43000两纹银，将两湖高等学堂改为两湖总师范学堂，并设高等、初等两级小学作为附小，意在通过扩大办学规模，培养更多人才，满足教师不足之需。学校可容纳学生1000多名，是两湖地区最大的学堂，被称为"千师范"。学校分优级师范和初级师范两等，因为优级师范的学生由初级师范的学生中挑选，因此学校先行招收初级生。光绪三十二年（1906）正式招生时，张之洞亲自主持面试，录取学生480名。我国著名地质学家李四光即毕业于该学堂。

面对全省各地一哄而上的办学热潮，张之洞敏锐地发现，有些新式中小学堂基础薄弱，质量难以保障，这其中主要的原因就是师资力量不足。于是，他果断作出决定，各地先暂缓中学堂的建设，集中力量建设初级师范学堂、速成师范或者师范讲习所，以便加快中小学教师队伍的培养。光绪三十年（1904），张之洞在武昌开办湖北师范传习所，开设教育、教法、管理等课程，成为我国教师进修学校的开端。光绪三十一年（1905），张之洞又在省城开办了6所支郡师范学堂，分府录取，为各地培养合格师资。在张之洞的倡导和身体力行下，全省师范学堂的数量明显增长，光绪三十一年（1905）到光绪三十三年（1907）3年间，师范学堂由9所增加到24所，在校学生多达2400余人，到宣统元年（1909），毕业学生将近5000人，湖北师资不足的问题在短时间内得到了有效缓解。

张之洞是一个放眼看世界的人。在开办洋务企业、新式学堂时，他采取"请进来"的方式，聘请了大量的外国专家。有人作过统计，仅在湖北期间，他就引进了将近300名国外人才，是当时全国引进国外人才最多的省份。可别小看了这300人，他们可都是来自发达国家、学有专长的拔尖人才，他们不仅给中国带来了先进的科学知识，而且也带来了先进的思想理念。可以说，正是他们打通了近代中国与西方文明之间的通道，开启了中国人特别是年轻一代的心智，为中国社会的进步作出了贡献。在"请进来"的同时，张之洞也历来主张"走出去"，派优秀人才去先进国家学习知识、开阔眼界。他认为"出洋一年，胜于读西书五年，此赵营平百闻不如一见之说也。入外国学堂一年，胜于中国学堂三年，此孟子置之庄岳之说也"。在张之洞眼里，出国留学，"西洋不如东洋"，因为日本在学习西方先进技术上已经取得了成功经验，再加上紧邻中国，来往便利，文化相通，所以他认为日本是留学的首选之地。对于选派留学生，张之洞认为时间上要抓紧，途径上要多样，可以国家派，也可以各省派，鼓励自费出国留学。光绪二十四年（1898），张之洞命人专程赴日考察教育，回国后写成《东瀛学校举概》一书。这是一本关于日本的"留学指南"，成为诸多有意留学日本者的案头必备之书。在张之洞的倡议和推动下，湖北学子掀起了一股留学潮。光绪三十年（1904），全国共派出留日学生约2500人，仅两湖地区就占了约700人，还不包括众多的自费留学生。

光绪二十九年（1903），张之洞受命与管学大臣张百熙、荣庆一起，制订全国学务各章程。八月十六日，经与日本驻华公使相商，又经面奏太后，他单独制订出了留学各章程，包括《约束游学生章程》《奖励游学生章程》《自行酌办立案章程》。这些章程真实地表达了张之洞既想大力鼓励优秀学生出国留学，又企图从维护清朝统治出发，控制学生的思想、行动和言论的矛盾心理。但是，外面的世界很精彩，老张的想法很无奈。当这些优秀学子身处迥然不同的新天地之中、眼界与脑洞皆开之时，不少人思想观念发生了深刻变化，产生了改造旧世界、建立新世界的强烈愿望。他们在日本成立革命组织，宣传革命思想，为辛亥革命的出现准备了组织和思想条件。

3. 商订学制，废除科举

富有激情的人做起事来，常常会心血来潮，东一榔头西一斧子的，不讲究整体布局和谋划。张之洞是一个激情满满的人，他是一个从不头脑发热的同时又做事有规划、有条理、有步骤的人。他学习国外学校的办学方式，一部分一部分地引进他们的各门知识，最终的目的是借鉴其先进经验，建立适合中国国情的教育体制。在近代，不少先进的知识分子都曾提出在中国建立系统的教育制度，戊戌变法期间，维新派也对此做了尝试，但一直未能改变现状。从20世纪初年开始，张之洞兴学的重心转到了普通教育上，他以湖北教育为"试验田"，建立了从幼稚园、初等小学堂、高等小学堂、中学堂到高等学堂的完备的普通教育体系，走在了全国普通教育的前列。其中成立于光绪二十九年（1903）秋的省立幼稚园（1904年扩建为湖北育婴学堂），是中国的第一家幼儿园。有了那么多办学经验，志向远大的张之洞觉得自己有必要出手，对中国几千年的教育制度进行一番梳理和修正了。而恰在此时，清政府实行"新政"，需要制订全国的学堂章程，管学大臣张百熙以"张之洞为当今第一通晓学务之人"为由，奏请张之洞会同商办学务，得到了朝廷的批准。历史，又给了张之洞一个扬名立万的机会。

光绪二十九年（1903）年底，清政府颁布了张之洞、荣庆、张百熙共同制订的《学务纲要》《各学堂管理通则》《蒙养院章程及家庭教育法章程》《初等小学堂章程》《高等小学堂章程》《中学堂章程》《高等学堂章程》《大学堂章程》等一系列学制系统文件，统称《奏定学堂章程》，又称《癸卯学制》，这是中国近代第一个由政府颁布并得到施行的学制系统。

该学制规定学堂的立学宗旨是"以忠孝为本，以中国经史文学为基，俾学生心术壹归于纯正，而后以西学瀹其知识，练其艺能，务期他日成才，各适实用"，在教学内容上打破了儒家经典一统天下的局面。按照《癸卯学制》的划分，国民普通教育共有3段7级，3段即为初等教育、中等教育和高等教育3个阶段。7级为初等教育阶段的蒙养院、初等小学、高等小学3级，中等教育的中等学堂1级，高等教育的大学预备科、分科大学和通儒院3级。其中，蒙养院属于半家庭式教育，非正式学堂，通儒院比大学更高一级，相当于现在的研究生院，除去这2个阶段，一个人一生的受教育时间为20年至21年。

在《癸卯学制》规划设置的正规教育体系中，除了普通教育，还有师范教育和实业教育。师范教育分初级和优级两类，分别对应中学堂和大学堂。值得一提的是，《癸卯学制》规定师范生不交纳学费，吸引了许多寒门子弟入学。实业教育设艺徒学堂、初等实业学堂、中等实业学堂、高等实业学堂，分别与初小、高小、中学堂、大学堂相对应。中国封建社会一向只重视人文社会科学，读书人将其作为求官进仕的"敲门砖"，而科学技术却备受冷落，《癸卯学制》把实业教育提高到与普通教育、师范教育等同的地位，不能不说是一种巨大的进步。另外，《癸卯学制》还提出在高等教育阶段设立外语专科学堂。

《癸卯学制》对当时中国教育的影响很大，以后学校制度的建立，主要以这个学制作为依据。教育体制的改革与其他改革一样，核心是为了巩固封建统治，本来它可以在历史上延续更长时间，只是没想到大清国气数已尽。随着一个朝代的结束，《癸卯学制》也完成了它短暂的历史使命。

从晚清实行"新政"对科举制进行实质性的改革，废八股、大幅度改革考试内容，到彻底废除科举制度，仅仅历时4年。其间3次重要的改革节点，张之洞都身处其中，而且发挥了重要作用。

中国的科举制从隋朝开始实行，至晚清已经有1300多年，是世界上延续时间最长的选拔人才的办法。科举制的出现，有其历史上的先进性，对于统治者来说，可以选拔、笼络天下英才为己所用。唐太宗在晋见新科进士时就曾不无得意地说："天下英雄尽入吾彀矣。"而对于读书人特别是社会中下层的读书人来说，科举制度给了他们一个相对公平的竞争平台，使部分有能力的优秀学子"朝为田舍郎，暮登天子堂"，获得了出人头地、改变命运的机会。

科举制度自产生以来，就对封建社会的教育产生了重要影响。科举决定着学校的教学内容，成为天下学子唯一的目标和方向。但是，随着时代的发展，科举制度的弊病越来越严重。陈旧的教学内容和刻板的教学方式，培养出的是只知道死记硬背和八股应试技巧的"人才"，根本不能适应当务之用。晚清时期，列强侵扰，中华多难，很多人把矛头对准了科举制度，认为是八股取士造成了人才匮乏、国运衰微的局面。

甲午战争之后，严复就在《救亡决论》一文中呼吁废除八股取士，痛陈八股锢智慧、坏心术、滋游手，"使天下无人才"之害。康有为甚至有些极端地认为：

"中国之割地败兵也，非他为之，而八股致之也"，强烈请求朝廷废除八股考试制度。而梁启超也认为由于科举以诗文楷法取士，致使学生学非所用，用非所学，因此培养不出能够胜任"内政外交、治兵理财"的有用之材。光绪二十四年（1898），张之洞提出了"变科举"的建议，认为："救时必自变法始，变法必自变科举始。"变科举当从内容始，那就是废除八股，改试策论。当年六月，根据张之洞的建议，礼部出台了《遵议乡会试详细章程疏》，基本采纳了张之洞提出的改革科举的措施，甚至在表述上照搬了张之洞的语气。同年七月四日，张之洞又与湖南巡抚陈宝箴会奏《妥议科举新章折》，很快，光绪帝下诏，将改革科举作为"百日维新"的重要内容之一颁布通行。戊戌变法失败后，戊戌新政措施包括废止八股文均被罢黜，八股文又被恢复。慈禧下令所有考试悉照旧制。

"百日维新"虽然失败了，但变法的历史洪流却不可阻挡。为了挽救清朝行将覆亡的命运，逃亡到西安的慈禧太后不得不捡起刚刚被他们丢弃的维新内容，颁布了"变法"上谕，命令文武百官"参酌中西政要"。于是，张之洞会同刘坤一上了《江楚会奏三折》，提出了酌改文科举，废除武科举的建议。

光绪二十七年（1901）七月十六日，朝廷下令废除在中国沿袭了 500 余年的八股文，停止武科举，但对递减文科举之议却没有表态。光绪二十九年（1903）二月十五日，张之洞与袁世凯又联手上奏，请求以 10 年为期，递减科举直至废除，以便为开办学校扫平障碍，但奏折交政务处议奏后便再没有了下文。十一月二十六日，张之洞与张百熙等再次上书，再次痛陈科举制的弊病，虽然这次奏折与以往内容差不多，但从字句上可以看出，他们的心情更加急切了。

由于科举制度流弊日渐显现，加上张之洞等人的强烈呼吁，科举制度一时成为众矢之的，废科举、兴学校成了当时社会关注的焦点，也成了众多"新政"措施中的重要内容。其时，国家处于内忧外患之中，清廷的统治风雨飘摇。张之洞认为，以前提出的和缓、渐进的方法已是缓不济急，"强邻环伺，岂能我等"，废除科举需当机立断。于是，光绪三十一年（1905）八月，张之洞又与直隶总督袁世凯、盛京将军赵尔巽、两江总督周馥、两广总督岑春煊、湖南巡抚端方等联名奏疏，"拟请宸衷独断，雷厉风行，立沛纶音，停罢科举。庶几广学育才，化民成俗，内定国势，外服强邻，转危为安，胥基于此"。清政府颁发上谕，决定自丙午（1906）科开始，"所有乡会试一律停止，各省岁科考试亦即停止"。

废除科举制度，是中国教育史上的一件大事，标志着以科举制度为中心的中国旧的教育制度的结束。光绪三十一年（1905）公历 10 月出版的《万国公报》曾这样评价中国废除科举制度的意义："是真中国历史上之新纪元，而东方大局之转移在此矣。"

七、暂署两江　视同本任

1.甲午抗日，统领后勤

光绪二十年（1894）五月的一天，湖广总督张之洞接到两江总督兼南洋大臣刘坤一发来的一封电报，告诉他日本已向朝鲜派出重兵，很有可能在占领朝鲜后，由海上入长江，登陆进犯中国，要张之洞提高警惕，早作防范。在此之前，张之洞对日本的狼子野心已有察觉，刘坤一的电报更加验证了他的想法，也让他对即将到来的战争忧心忡忡。

就在这年春天，朝鲜南部爆发了大规模的东学党农民起义，朝鲜政府请求清政府派兵镇压。怀着不可告人的目的，日军趁机向朝鲜派出大批军队。当清军进驻朝鲜牙山后，日军也以保护侨民为由占领了汉城。起义军被镇压后，日本非但自己不撤兵，还以共同改革朝鲜内政为名，胁迫清军留在朝鲜。日本这样做的目的很明显，就是借机制造中日之间的摩擦，挑起战争。日本与中国互为近邻，俗话说"远亲不如近邻"，本来大家可以借助比邻而居的地理优势，互通有无，加强合作，孰料日本国家虽小，野心却很大，早就想冲出资源匮乏的海岛，扩大疆域。特别是明治维新以后，日本国力日渐强盛，对外扩张的野心愈发膨胀。他们以赶超中国为奋斗目标，准备进行一场以"国运相赌"的战争。他们早就制订了以侵略中国为中心的"大陆政策"，即先攻占台湾，再吞并朝鲜，接着进军满蒙，然后占领中国，最终征服亚洲，称霸世界。为了确保打败中国，自光绪十六年（1890）起，日本每年拿出全国财政收入的60%来发展军队。所以，对于战争双方来说，日本是磨刀霍霍，蓄谋已久，而清廷显然准备不足。甚至在战前不到1个月，李鸿章还坚称日本绝不会首先向中国开战。为了避免中日之间的冲突升级，清政府还乞求俄、英两国出面调停，以打消日本的非分之想。但张之洞却嗅到了战争的味道，他一边密切关注着朝鲜形势的变化，一边向朝廷陈述对时局的看法，同时他还通知台湾方面加强防务，以防不测。当然，于湖北方面，张之洞也采取措施积极备战。他命令枪炮厂加快生产，并且购买、储备了大量生产枪炮的原料，特别是对于长江防务，他亲自沿江视察，监督沿江炮台的建造。

光绪二十年（1894年）六月二十三日，日本不宣而战，在朝鲜半岛海面突袭清军，清军仓促应战，损失惨重。"广乙"号军舰被炸毁，运送士兵的"高升"号商船被击沉。700多名士兵和船员的生命，如一记响亮的耳光，彻底打醒了妄图通过退让妥协避过战祸的清政府。七月初一，清廷决定开战！

远在湖北的张之洞闻风而动，立刻派湖北按察使陈宝箴赶赴江宁，与刘坤一会商长江联防，同时下令湖北水陆防营进入临战状态，充实编制，加紧操练。同时，张之洞密切关注着战局的变化，几乎每天都向朝廷发电报，提出自己的看法和建议。

大敌当前、国家危难之际，张之洞又一次展现了他的担当与胸襟。他调动湖南、湖北地区的1万多精兵，由湖北提督吴凤柱率领北上参战。他不仅拿出了湖北库存的全部武器，而且还四处借款，筹集了42万两银子，从德国、奥地利等国购买了大量武器弹药一并运送到前线。甚至对于取道湖北北上的其他部队，他也"赞助"了饷银10万两！张之洞希望自己出人出钱，能够帮助前方的将士取得胜利，但等来的，却是一个个让他失望、伤心的坏消息……

八月十五日，日军占领平壤。两天后，正在鸭绿江口大东沟以南的黄海海面上搜寻北洋水师主力的日本海军发现了目标，便如一群饿狼一样扑了上去。面对来势汹汹的敌舰，北洋水师奋力反击。双方激战5个多小时，北洋水师"致远""经远""超勇""扬威""广甲"5艘军舰被击沉，死伤官兵约600人，水师提督丁汝昌身受重伤。虽然北洋水师遭受重创，但官兵们在惨烈的战斗中，表现出了中华民族不畏强暴、敢于和敌人血战到底的英雄气概。战斗中，"致远"舰多处受伤，全舰燃起大火，船身倾斜，管带邓世昌决意与敌同归于尽，下令舰艇全速撞向日本主力舰"吉野"号，不幸被鱼雷击中沉没。为了保存实力，北洋水师只能退守山东威海刘公岛。九月下旬，日军兵分两路，从鸭绿江和花园口同时进攻辽东半岛，清军一触即溃，九连城、安东、凤凰城相继失守。

面对清军的节节溃败，清政府对李鸿章和他的淮军非常失望，决定临阵换帅。李鸿章的淮系部队不堪一击，还有哪支部队可堪重任呢？朝廷手里能打的牌也只有湘军了。于是，十月初，朝廷调湘系大佬、两江总督、南洋大臣刘坤一任钦差大臣，驻守山海关，指挥对日战争，同时调张之洞接替刘坤一，署理两江总督。

消息传来之时，张之洞正在病中。他心里清楚，此去两江，责任重大，不仅要做好刘坤一的"后勤部长"，为前线筹集、运送军械粮饷，而且要防守好两江重地。国家生死存亡之际，朝廷托此重任，足见对自己的看重与信任。我堂堂中华，怎能向东瀛小国示弱？自己定当戮力报国，不负圣恩！想到这，他再也坐不住了，立刻拖着病体急赴江宁。

两江的情况比张之洞预想的还要糟糕，他想加强防务，可精锐部队和武器全被刘坤一带走了，他想为前方购买军需，但囊中羞涩，如何做得无米之炊？为解决缺兵少将的问题，张之洞奏请朝廷，将广东兵勇调至两江地区，并请冯子材来主持两江防务。张之洞还马不停蹄地巡视沿海沿江，按照实战的要求，下令改造炮台、弹药库等建筑，添置新式火炮。为了弥补军队力量的不足，张之洞发动沿海沿江居民组成渔团、民团，实行军民联防。为了加强地区间的联系，张之洞又铺设了一批电报线路，这些措施大大增强了两江地区的防务力量。张之洞不愧是搞钱的高手，他劝令盐商捐助 100 万两，然后向广东、江苏的富豪们借款200 多万两，又向德国、英国洋行借款 200 万英镑。张之洞用这笔钱购买了 2 万多支快枪、170 多尊大炮、600 万发子弹和 100 万枚炮弹。这些武器弹药除了供应刘坤一外，还支援了台湾、烟台、威海等地抗敌。

山东巡抚李秉衡是张之洞在山西任上的幕僚和下属，面对胶东半岛的紧张局势，向不知兵的他急忙向老上司求援。张之洞立即给他送去洋枪300支、炮2尊，并给他出主意，让他安排地方官多招募民夫，抓紧时间多开壕堑，并且在交通要道上多埋地雷，以阻止日军进犯。及至日本准备进攻威海时，张之洞又主动送去快枪1000支，子弹100万发。李秉衡大为感动："我公统筹全局，谋国之忠，与人之厚，诸深钦佩！"

当时，两江地区北上参加作战的部队有50多营，而这些部队的粮草、武器全由两江自行供给。后来，为补充兵源，朝廷又招募了10营士兵，由于国库空虚，张之洞又主动承担了这些士兵的粮饷。为了将前方急用物资及时运达，张之洞在南京设立江南转运总局，在江苏、山东、直隶、奉天沿途设立江南转运局共13处，每局雇大车300辆，又购、租大量船舶，分水陆两路日夜运送。

张之洞的努力并没有挽回清军战局的颓势，大连、旅顺相继失守，清政府被步步紧逼的弹丸小国吓破了胆，又犯了"软骨病"，乞求英、美出面调停，向日求和。张之洞对于朝廷的做法大为不满，他认为，我泱泱大国，岂能向东瀛小国低头？日本主动挑起事端，其狼子野心昭然若揭，他们没有达到目的，怎会善罢甘休？不能停，必须打！如果答应他们的条件，中国将不能立国！诚如张之洞所料，狡猾的日军假意同意谈判，趁清军松懈之际，悄然出兵威海，直扑北洋水师！

北洋水师是中国最强大的海军部队，经过李鸿章多年的经营，已拥有50多艘各类军舰，是当时号称"亚洲第一"的海军。日军的用意很明显，歼灭了北洋水师，就能让中国无兵可倚，从而失去信心，陷入绝望，任其宰割。

战争的结果让无数中国人欲哭无泪，威海卫一战，清政府和李鸿章花费成千上万两白银，苦心经营多年的北洋水师全军覆没！

当中国的一艘艘军舰被击沉、被烧毁，当一个个为国捐躯的将士浮尸海上，当北洋水师的10艘军舰作为战利品被插上日本国旗，当被解除了武装的"康济"号练习舰载着北洋水师提督丁汝昌、"定远"舰管带刘步蟾、护军统领张文宣、"镇远"舰管带杨用霖等人的灵柩，在战火未灭的海面上凄然离去……一幅幅让人不堪回首的画面，永远定格在中国人的心里，成为记忆中抹不去的伤痛。时至今日，中华民族已傲然屹立于世界民族之林，但回首往事，依然让人倍感屈辱，同时也让人警醒，催人奋起。

2017年4月26日，在甲午海战发生120多年后，中国的第一艘国产航母下水了！这是中国综合国力的体现，超大型的船坞、超大型龙门吊、世界一流的特种钢材、最先进的电子设备……无不向世界宣告着今天中国的富强与中国人民的智慧。从此，中国有了自己制造的大国重器，可以更加有力地维护国家主权和领土完整，保护海上交通安全。而中国的航母，不仅是军队的航母、国家的航母，而且是世界的航母。崛起的中国，将在人道主义救援、维护世界和平等方面负起更大的责任。

2. 暗助台湾，怒拒和议

灭掉了北洋水师，日本人觉得有了谈判的砝码，他们点名要李鸿章代表清政府进行和谈。对于李鸿章，张之洞是一百个不放心，他反复致电李鸿章，告诫他：这种投降性质的谈判，是大清国的耻辱，还是不要谈为好！作为封疆大吏，由于地位和地域所限，张之洞对远在日本的谈判并不能及时、完全地知晓，他多次请求朝廷把谈判的最新进展和消息及时传递给他。其实张之洞应该想到，朝廷既然决定和谈，肯定是想排除干扰，速战速决，一向"多事"的张之洞恰恰是朝廷防范的对象，所以朝廷没有答应张之洞的请求。但张之洞坚持己见，又多次催促，惹得朝廷恼羞成怒，把他狠狠训斥了一番。一片忠心遭此冷遇，换作别人也就心灰意冷、撒手不管了。但张之洞偏不！他动用各种关系，与驻华大使、有关官员、前方将领联系，甚至直接向李鸿章发报探听消息。当他得知清政府要割让台湾、赔付巨款时，就接连3次电奏朝廷，为继续抗日出谋划策，请求将对日战争进行到底。

一个张之洞，改变不了大清朝战败的结果，一个张之洞，也阻止不了不平等条约的签订。光绪二十一年（1895）三月二十三日，中日双方签订《马关条约》。根据条约，中国承认朝鲜为日本的殖民地，割让台湾、澎湖列岛及辽东半岛给日本，赔偿白银2亿两，开放沙市、重庆、苏州、杭州为通商口岸，日军继续占领威海、刘公岛要塞。

消息传来，张之洞满怀悲愤，接连电奏朝廷，力陈条约之害。尽管他心里非常清楚，条约已签，再说什么都是徒劳无益，弄不好还会惹祸上身，让心情郁闷无处泻火的朝廷迁怒于自己。可张之洞实在是难压心头之火，他在电报中怒斥李鸿章的卖国行为是"大约稍有心肝之人皆必不肯为之"，"恐宋臣秦桧明臣仇鸾之奸尚未至此也"。对李鸿章签订的条约明确表示"彼所要求之事一件亦不允许"。不仅如此，张之洞的"匕首"和"投枪"还直奔慈禧太后和皇帝而去！"坐视赤县神州，自我而沦为异域，皇太后、皇上将如后世史书何？”不得不佩服张之洞的胆量和勇气，在整个封建社会，有哪个臣子敢对最高统治者发出如此不留情面的批评，除非他是不要命或者是不想当官了！再说，那慈禧太后何许人也，那是大权独揽、喜怒无常的老佛爷！在她面前，哪一个臣子不是战战兢兢、唯唯诺诺呢！能让张之洞无所畏惧的，是他那一颗火热的爱国之心。时人也对张之洞此举敬佩有加，唐才常就曾说过："和议一事，督抚中惟张香帅慷慨激昂，不避权要。"又说他"直言敢谏，不避权奸，一时无两"。诚哉斯言！

张之洞内心对《马关条约》诸项条款均不认可，对于永远割让台湾及附属岛屿更为不满，他说："割地之事，尤为不可行。"条约虽已签署，但张之洞仍然在寻找着改变条款、为朝廷争取权益的可能。尽管这种可能微乎其微或者根本不存在，但哪怕有万分之一的希望，他也要尽上百分之百的努力。一方面，张之洞致电他的门生、驻俄公使许景澄，以及正在出使法国的钦差大臣王之春，请他们敦请俄国、法国等向日本施压，迫使日本废除条约。张之洞承诺，事成之后，定当厚利相报。另一方面，张之洞早已做好打算，他要暗助台湾军民，阻止日军据台！

当时镇守台湾的不是别人，正是当年在越南共同抗法的唐景崧和刘永福。按照常理，这哥俩的关系一定很铁，那可是一起在国外上过战场的生死交情。可事实上，台湾巡抚唐景崧与刘永福的关系已大不如从前。张之洞深知将帅不和的严重后果，他摆出老上司的架子，劝说两人"忍小任大，和衷共济，建立奇功"，希望他俩再度联手，像当年战胜法军一样，将日军拒之门外。为了解除唐景崧的后顾之忧，张之洞还把唐景崧的老母亲接到南京悉心照料。他电告唐景崧："君为国尽忠，吾为若尽孝，勿以老母为虑"，令唐景崧大为感动。当时，朝廷已经决定放弃台湾，并多次下令撤防。在张之洞的鼓励下，在台湾民众的挽留下，唐景崧电告朝廷，他决定留在台湾，与刘永福一起，带领不愿做亡国奴的台湾人民与日死战！此时，台湾爱国绅士丘逢甲为谋自保，成立抗日政府，开议院，定国旗，推举唐景崧为大总统、刘永福为大将军，立年号为"永清"，意即"永远忠于大清"。

唐景崧和刘永福的态度让张之洞倍感欣慰，为表支持，他给台湾送去30万两银子和一批武器。而唐景崧和刘永福的态度却让朝廷又急又气。在他们眼里，唐景崧和刘永福的生死事小，破坏合约事大，正当他们想要采取措施惩治这两人时，李鸿章来告状了。李鸿章说，我已经调查清楚了，一切都是张之洞这小子躲在背后出的坏主意！于是，朝廷电告张之洞：台湾的事你不要管了，也不要再给台湾拨什么粮饷军械了，条约已经签了，你就别再节外生枝了！

就在张之洞收到朝廷电报的当天，应日本政府的要求，朝廷派出了"割台专使"李经方前往台湾基隆与日方签订台湾交割文件。原来，《马关条约》第五款末节规定"台湾一省应于本约批准互换后，两国立即各派大员至台湾，限于本约批准后两个月内交接清楚"。这李经方不是别人，他管李鸿章叫爸爸。他本来也不想接这个活儿，不想干这种被人戳脊梁骨的事。可这条约是他老爷子签的，他要不去，还有谁愿意出面背这黑锅和骂名呢！为这事，他和李鸿章没少合计。一开始，李鸿章打算让台湾巡抚唐景崧当替罪羊，由唐景崧出面与日方办理交割手续，但朝廷认为唐景崧只是地方官，不能代表朝廷，所以没有同意。李鸿章一计不成，又生一计，他给朝廷发报，说李经方忧劳成疾，回南方治病去了，而且李经方资浅望轻，又没有外交经验，恐怕会耽误事，还是另派他人吧！李鸿章的推脱引起了光绪帝的不满，自从签了《马关条约》，李鸿章的日子很不好过，全国上下一片骂声，张之洞等人甚至要求将他处死。就在前不久还有官员上奏，指名要李鸿章父子亲赴台湾交割，说李氏父子为和谈立下了这么大的"功劳"，得继续努力、善始善终啊，况且两人都有多次对外谈判的经验，肯定能很好地完成任务。朝廷不派李鸿章去已经给了李鸿章面子，毕竟在很大程度上，李鸿章是替朝廷担的骂名。但现在看到李鸿章如此胆小怕事，如此推卸责任，一个劲地向后缩，光绪帝也是怒了，他指责李鸿章说，李鸿章啊李鸿章，朕这么信任你，让你代表朝廷处理与日本和谈之事，现在事情还没办利索呢，你就想撂挑子不干了？现在日方人员马上就要到台湾了，你马上让李经方抓紧启程。如果误了事，朕不光处理李经方，连你也一起办了！

张之洞得知朝廷与日本签署台湾交割文件之后，立即去电鼓励唐景崧说，你千万不要受此影响，更不要惧怕日军，台湾地广路险，瘴盛雨多，日军人少，既不熟悉地形，也不适应环境，只要坚持，胜利一定属于我们！遗憾的是，这一次，张之洞的一番话却没有再次激起唐景崧的豪气，他看不到胜利的希望，又顶不住朝廷的再三斥令，只身乘商船回到了大陆。

唐景崧一走，刘永福的处境更加艰难，虽然他带领清军和台湾义军在此前的战斗中已经歼灭了5000多日军，但随着兵源的减少和弹药的枯竭，部队的战斗力不断下降，阵地也接连失守。此时，张之洞顶着朝廷的压力，继续想办法援助台湾。他一面联系闽浙总督边宝泉共同商议援台之策，一面以自己的个人名义为台湾筹集款项。虽然这一切张之洞都是偷偷摸摸干的，但他的所作所为还是没有逃过朝廷的眼睛。朝廷又一次来电对他大加斥责：你还是大清朝的官员吗？你怎么不和朝廷保持一致呢？台湾至今不能顺利交割全是你的错！如果日方借机再生事端，你叫朝廷如何应对？啥也别说了，一句话，你要再敢暗中接济台湾，后果自负！

张之洞知道，朝廷的忍耐是有限度的，如果自己继续一意孤行，很可能连头上的乌纱帽甚至小命都保不住。万般无奈之下，张之洞只好停止了对台湾的援助，他满怀歉意地电告刘永福，你是去是留，自己看着办吧，朝廷已再三下令，不让我再支援你粮饷军械，圣命难违，我实在是扛不住了。对不起，请原谅！刘永福真是好样的，在完全失去救援的情况下，他率部孤军奋战，顽强地坚持到九月份，直到弹尽粮绝才撤回厦门，台湾终于完全沦陷。

3. 修明武备，兴工劝商

甲午之战中国败于日本，举国上下为之震惊，泱泱大国居然向蕞尔小国割地赔款，简直是奇耻大辱！在此之前，大清国根本没把小小的日本放在眼里。的确，中国人历来保持着对日本人的优越感，长期以来，中国的实力也一直强于日本。但这一次，昔日的小老弟给老大哥好好地上了一课，战争中，被清政府视为精锐之师的湘、淮两军，在装备精良、训练有素的日军面前一败涂地。残酷的现实说明，中国这头姗姗而行的大象，早已被尾随多年的虎狼超越，若不发愤图强，加快脚步，必会国将不国，成为列强口中的肥肉。战争过后，朝野上下"修明武备"的呼声日高，有识之士纷纷争献练兵之策，颜面丢尽的朝廷也终于认识到创练新军的重要性和迫切性，认为"一代有一代之兵制，一时又有一时之兵制，未可泥古剂以疗新病，居夏日而御冬裘也"，表明了采用西法，编练新军的决心。

光绪二十一年（1895）五月，张之洞给朝廷上《吁请修备储才折》，提出了拯救危局的九条措施。其中的修铁路、建枪炮厂、开学堂、讲商务、派留学生等张之洞已早有实践，他接下来要做的，就是九条措施的头两条，"宜亟练陆军""宜亟练海军"。当年冬天，张之洞在暂署两江总督期间，率先编练"江南自强军"。按照张之洞的想法，他要依照德国军制建立一支多兵种合成的新式军队，规模至少要在1万人以上。但实际上只编了13营共2860名官兵，其中步队8营，炮队2营，马队2营，工程队1营。从统制上看，自强军已经突破了过去清军不分兵种、互不统制的旧军制，具有了欧洲现代军队的特点。编制不足的主要原因是经费不足，但与张之洞在兵源上的精挑细选也不无关系。张之洞的选兵标准，用现在的话来说，就是思想素质和身体素质都要过硬。新兵都是从江苏、安徽两地挑选的 16 岁到 20 岁品行端正的精壮青年，并且经西医体检通过后才能入伍。凡是旧军队里沾染恶习的"兵油子"、城市里不能吃苦耐劳的官宦子弟等一律不招。对于这支自强军，张之洞力图全盘"德"化，他聘请了 35 名德国教官，不仅让他们教授德军的操典、训练和战术，并且交给他们营、哨两级的指挥实权。自强军训练时间不长，就已表现出完全不同于旧式军队的崭新气象，以至于每次部队操练，都吸引大量的民众围观。士兵们强健的体魄、整洁的戎装、崭新的武器、灵捷的身手、整齐的步伐，不仅让在场的中国老百姓拍手称赞，连围观的老外也都说："没想到中国人这么厉害，没想到，真没想到！"

从时间上看，张之洞的"江南自强军"与袁世凯编练的"新建陆军"同为中国最早的近代陆军，因此，张之洞也成为中国近代陆军的创始人之一。

张之洞在编练新军的同时，又上奏请求开办陆军学堂，以培养素质更高、能力更强的军事人才。陆军学堂设于南京仪凤门内和会街，学员编制 150 人，聘请 5 名德国教官，分马队、步队、炮队、工程队各门类，具体学习兵法、行阵、地利、测量、绘图、算术、营垒等各种军事技能，学制为 3 年。另外，为了培养急需的铁路建设人才，张之洞还在陆军学堂内附设了铁路学堂。

光绪二十二年（1896）年初，刘坤一重回两江任原职，张之洞将所练新军交给刘坤一，经过朝廷同意，自己只带走了一个500人的护军营，作为在湖北操练新军的班底。

除了抗日、强军之外，他还兴工劝商，繁荣地方经济，力求富国裕民。

当时，南京是两江总督府的驻地，是国内的重要城市，南京与另一座大城市上海之间虽然距离不远，却没有铁路相通。张之洞觉得，两城之间非常有必要修建铁路，这样既有利于促进两地经济发展，也有利于两江乃至大清的国防建设。于是，张之洞一面聘请外国铁路工程师沿线勘测，证明计划可行，一面联系当地富绅，为筹款早作准备。光绪二十一年（1895）十一月，张之洞向朝廷提出申建沪宁铁路。但不巧的是，几天之后他就接到了朝廷要他返回湖北的命令。为防止计划夭折，他想抓紧时间，在交接之前完成筹办工作。但筹办工作千头万绪，又岂是短时间可以完全解决的？单是铁路是官办还是商办这一问题，就让他犹豫不决。更何况知道张之洞要回湖北，原先态度积极的富绅们不知道下一步刘坤一的想法，也有了等待观望的心理，致使筹办工作进展缓慢。但是，张之洞的作为已经为沪宁铁路的建设奠定了基础。直到6年后，张之洞再次暂署两江时，才解决了铁路建设资金问题，让一直没有实质性进展的沪宁铁路在他手上尘埃落定。

两江一带河网密布，有着发展航运的优越条件。光绪二十一年（1895）九月，张之洞在上海设立内河轮船总局，计划通过招商，开通上海至苏州、苏州至镇江、镇江至清江、上海至杭州湖州、上海至宁波台州、吴淞至崇明通州等6条水运线路。张之洞认为，这些航线即可以跑客船，也可以跑货船，既方便百姓与商人，又可以让官府通过税收增加财政收入，是一个多方共赢的好项目。

张之洞在湖北建纺纱官局的时候，当时计划建设南、北两个纱厂，所以就按照两个纱厂的规模从国外进口了设备，但是北厂建成后，张之洞再也拿不出钱来建南厂了，剩余的设备只好堆在上海港口任凭风吹日晒。张之洞到两江后，就提议在两江办个纺纱厂，一来可以发展当地经济，二来也是为这些机器找个买主。后来，他找到了张謇，给了他一个优惠价。张謇利用这些设备开办了南通大生纱厂，也算是给张之洞解决了一个大难题。经过苦心经营，大生纱厂不断壮大，发展成中国近代著名的私营纺纱企业。张謇，这位清末状元、教育家，因此又多了一个头衔——民族实业家。

另外，在署理两江期间，张之洞还为当地老百姓、商人办了不少实事、好事，如在南京、上海修建公路，在长江上修建浮桥，为民间商人提供商业贷款，保护商人利益等。

张之洞暂署两江，明知任职只是"暂署"，却始终视同本任，倾力而为。张之洞署理两江虽然时间不长，但他以务实作风和良好政绩，得到了两江人民的一致称赞。

回到湖北之后，张之洞立即着手编练湖北新军，他以带回的护军营为基础，先是建成了包括前营部队、炮队、后营部队、马队、工程队在内的1000人的队伍，后又克服财政困难，不断扩大军队规模，最终建成一支9500余人的精锐之师。湖北新军最突出的特点是吸引了大批青年学生入伍，使这支部队最容易接受新思想和新的训练方式，所以有人把湖北新军称为新中国成立以前士兵学历最高的一支部队。

在张之洞的亲自督练下，湖北新军兵强马壮，其训练水平与北洋新军同居全国一流，被外国军事人员评价为当时中国最强的军队，甚至认为他们在训练和武器上，可以与当时世界最好的德国军队相比。在晚清举办的几次全国性秋操中，湖北新军都是当仁不让的冠军。湖北新军的实力也得到了朝廷的认可，光绪二十八年（1902），清政府令长江流域各省到湖北学习练兵之法。宣统元年（1909），陆军部曾派人暗查南方各省新军，回来后得出的结论是，湖北新军第一。

光绪三十一年（1905），清政府决定统一军队军制，计划将全国的新军分为36镇，湖北新军被统一编为陆军第8镇和暂编第21混成协，由张彪、黎元洪分任镇统、协统，是在规模上仅次于袁世凯的北洋六镇的一支部队。

尽管张之洞颇有军事才能，一生也倾力于编练新军，但他从没想过像李鸿章、曾国藩一样成为拥兵自重的军阀。他编练新军，完全出于保一方平安、为国家所用之目的，完全是为了对外抗击来犯之敌，对内维护大清统治。可是这次，张之洞却失算了。他没有想到，自己"种豆得瓜"，就是这支他亲手培养的部队，在他去世2年后，向着他一生维护的大清国打响了第一枪——武昌起义，成为几千年中国封建帝制的掘墓人。正如孙文先生所说，张之洞练成湖北新军，颠覆了清廷，他真是不言革命的革命家！

在编练湖北新军的同时，张之洞又创办了湖北武备学堂。这一次，他照例还是聘请了德国教官，开设军械学、算学、测绘、地图学等课程，学制3年。与以往不同的是，张之洞对招收学员的要求更为严格，他认为以前招收的学生"多系俊秀幼童及各营兵勇"，这样的学生不可能在短时间内成为合格的军事指挥人才。所以这次他亲自拟定了招考办法，要求报考者必须是受过良好教育的官员子弟和士绅子弟，既要有较高的文化知识，还要有强健的体魄，考试分为初试、复试两步，初试入围学生240人，面试后录取学生120人。至光绪二十九年（1903），武备学堂共毕业学生200多人，他们大都进入了湖北新军，成为湖北新军的骨干力量。

身处21世纪，我们对身边警察的存在早已司空见惯。他们是我们无处不在的保护神，维护着国家安全和社会秩序，保卫着人民生命财产安全。可以说，警察已经融入了每一个人的日常生活，成为构建和谐社会不可或缺的重要组成部分。但是，中国的警察是什么时候出现的，又是在哪里出现的？恐怕对很多人来说，都是个知识空白。难道这事也与张之洞有关系？没错，在中国建立警察制度，正是张之洞与刘坤一最早提出来的。光绪二十六年（1900）年底，他们在一份联名奏疏上，针对传统的差役之弊，提出了学习日本建立警察局的建议。当时的中国，还处于以敲梆巡夜来震慑盗贼的年代，警察绝对是个新生事物。中国历史上向来军警不分、政警不分，该警察干的活都由政府和军队代劳了。直到各国租界里出现了一群屁股后面别着警棍、嘴里含着高音口哨的人，老百姓才知道世界上还有警察这么个职业。

光绪二十八年（1902）年初，袁世凯成立了保定巡警局，这是近代中国第一个警察机构，随后，张之洞也在当年六月六日成立了武昌警察总局。如果单从名称上讲，武昌警察总局才是中国第一个"警察局"。

　　武昌警察总局设在阅马场演武厅，分为总务、行政、司法、卫生4个部门，在城区设了东、西、南、北、中5个局，在城外设了东、西、水、陆4个局，有警察步兵550名、骑兵30名、清道工人202名，聘请担任过上海租界巡捕房捕头的英国人珀蓝斯为总教头。其后，汉阳、汉口、宜昌、沙市等地相继建立警察机构，随着湖北全省警察机构的建立，其作用逐渐显现，流氓自此敛迹，盗贼另谋生路，社会治安大为好转。

　　为了达到警局建设的规范化，提高警察的职业素质，张之洞先后派出67人赴日本学习，并且在光绪二十九年（1903）年底开办了警察学堂。教师以从日本学习归来的警察为主，后来又聘请了3名日本教师。到光绪三十三年（1907），警察学堂共毕业学生300多名，全部被派往武汉地区各警察局。警察学堂开启了湖北警察正规教育的先河。1911年10月武昌起义后，湖北军政府组建了以警察学堂学生为主的湖北临时警察局筹办处，负责维持武昌城区社会治安。于是，中华民国第一警局诞生了。张之洞无形之中又为中国革命培养了人才。

八、纵横捭阖　有学有术

1.趋迎维新，相机而动

从光绪二十年（1894）到二十六年（1900）的6年，是中国历史上的多事之秋。接连发生的中日甲午战争、戊戌变法、义和团运动、八国联军入侵北京等重大事件，使中国时局更加动荡不安，未来走向陡增变数。中外各派政治力量此消彼长，明争暗斗，中国政坛波谲云诡，起伏跌宕。面对极为复杂的格局，身处乱世的官员们心态各异，有人激进高调，欲为豪雄；有人谨言慎行，只求自保，只怕一招不慎，不得善终。张之洞在世纪之交的风云变幻的舞台上，在各种政治势力你死我活的博弈中，表现出一个政治家清醒的头脑和高超的谋略，不仅能够涉险过关，毫发无损，而且频频高升，声望日高，成为唯一一位在官方和民间同时享有良好声誉的领袖人物。

甲午战争的惨败，《马关条约》的签订，让清朝本已千疮百孔的统治更加风雨飘摇。此时，已成了洋务派领军人物的张之洞，仍在不遗余力地倡导各地学习西方先进的科学文化和生产技术，力图通过兴办实业救国家、民族于危难之中。而此时，一个年轻的政治团体的崛起，让张之洞欣喜不已，以为找到了志同道合的后来者。

张之洞认识这个团体，是从"公车上书"开始的。光绪二十一年（1895）四月，各省举人齐聚京城参加会试。当他们听到《马关条约》签订的消息时，每个人的心里都充满了悲愤。中国的读书人，一直抱有"先天下之忧而忧，后天下之乐而乐"的道德感、"修身齐家治国平天下"的责任感。而作为晚清时期的知识分子，这种道德感和责任感更加强烈。大家都觉得一定要为这个国家做点什么，但一时又不知道该采取什么方式、如何表达。这时，早就力主变法的康有为站了出来。他联合上千名学子，联名上书请愿，提出"拒和、迁都、变法"的主张，请求皇帝"下诏鼓天下之气，迁都定天下之本，练兵强天下之势，变法成天下之治"。虽然最终奏书被朝廷以条约已签、无法挽回为由拒收，但学子们炽热的爱国热情与变法图强的强烈愿望，却博得了全国上下的广泛支持。事实上，虽然朝廷拒收了奏书，但"公车上书"以及康有为后来的连续上书还是对光绪帝产生了很大影响。闰五月二十七日，他下发上谕，要求各省督抚对"修铁路、铸钞币、造机器、开矿产、立学堂"等事项进行研究，1个月内将落实情况汇报朝廷。

说来也巧，就在光绪帝发布上谕的当天，张之洞也给朝廷上了一道《吁请修备储才折》，提出的改革内容、措施与光绪帝的谕令不谋而合，与康有为所奏也基本一致。其时，张之洞认为维新派的主张与洋务派一脉相承，他们提出的诸如修铁路、开矿藏一类的措施，都是洋务派几十年来一直在做的事情，所以从心里将维新派引为同道。况且，政治嗅觉灵敏的张之洞也觉察出了光绪帝对"变法"的态度，他觉得自己这位慈禧太后"手擢之人"也要借机上位，博取光绪帝的好感。这些年，张之洞辛辛苦苦办洋务，却屡遭非议与制衡，如今维新派有帝党撑腰，自己何不利用这股新兴力量来帮助自己大力推行洋务事业呢？除此之外，张之洞还有一个小秘密，他审时度势，明白自己正处于入参中枢的极好机会。在此关键时刻，他旗帜鲜明地支持光绪皇帝，必然会增加皇帝这一票的稳定性。

　　维新派不是张之洞肚子里的蛔虫，自然不知道张之洞有那么多想法，他们从张之洞的文章里看到的是，张之洞在向维新派示好：我们大家都是一个战壕里的战友。

　　对于张之洞抛来的橄榄枝，维新派自是求之不得。羽翼未丰的他们，也正急需攀附一位大佬为他们站台，而时誉正盛的"朝廷柱石"张香帅当然是不二人选！何况，张之洞对他们的支持，绝不仅仅是说说而已。光绪二十一年（1895）七月，康有为在北京成立强学会，张之洞不仅支持自己的儿子张仁权、得意门生杨锐参与创办，而且捐了5000两银子作为活动经费。于是，维新派投桃报李，纷纷向张之洞献上掌声和鲜花。梁启超说："当今海内大吏，求其通达西学深知本原者，莫吾师若；求其博综中学精研体要者，尤莫吾师若。"谭嗣同说："如今天下百官，有能力顾大局，不分畛域，又能通权达度，讲求实绩者，只有张香帅一人。"张謇说："现在的达官贵人，能够理解我们，而我们也愿意跟他说说心里话的，也就是张老了。"这些话传到张之洞耳朵里，他只是微微一笑。其实他这样做，除了认同维新派的改革措施之外，心里还藏着一个小秘密，那就是让张仁权、杨锐进入维新派的核心层，也是为了随时掌握维新派的动向，以便提前作出应对。

为了取得张之洞更大的支持，光绪二十一年（1895）九月，维新派领袖康有为亲自出马，去南京拜访暂署两江总督的张之洞。就在康有为抵达南京前的一个晚上，张之洞家里发生了一件大事，他的二儿子张仁颋不幸溺水身亡！但面对来访的康有为，张之洞还是强忍着老来丧子的悲痛，热情接待，礼遇有加。康有为在南京一住就是20多天，尽管公务繁忙，张之洞还是每隔一天就和康有为彻谈一次，每次都谈到深夜。康有为劝张之洞"共开强学，窃图同心"，张之洞答应了康有为在他所辖的上海成立强学会的请求，并答应捐银1500两，同意以他的名字发表康有为撰写的《上海强学会序》。

　　这次一老一少貌似两个人的私人会面，实则是中国洋务派、维新派两位大佬的深入会谈，是两种思想的碰撞。碰撞得好，就会擦出理想的火花，两派联手共同开启中国20世纪的一片新天地，也不是没有可能。俗话说："话不说不透，灯不拨不明"，但有时话说透了，彼此的了解加深了、全面了，灯反而不如以前亮了，张之洞与康有为的这次见面就属于这种情况。众所周知，康有为是靠《孔子改制考》等著作成名的，而张之洞被誉为儒林宗师，信奉的是孔孟之道，所以张之洞就劝康有为：你推行你的维新事业就是了，干吗非要菲薄名教，拿孔圣人胡乱说事呢？而康有为却坚持己见，而且不客气地说："孔子改制，大道也，岂为一两江总督供养易之哉？"两人谁也说服不了谁，结果就弄了个不欢而散，而且这种情绪直接影响了随后上海强学会的成立和发展。

在上海强学会成立之前，张之洞就以双方在学术上意见不统一为由打起了退堂鼓，而康有为则说前期工作已经就绪，怎么能说停就停呢？于是，就在两人的争执之中，上海强学会磕磕绊绊成立了。不久，强学会又出版了《强学报》。当张之洞看到《强学报》的时候，不由得惊出一身冷汗，旋即又心中大怒。原来，康有为在明知张之洞反对的情况下，为了宣传他的"孔子改制说"，不仅刊登了《孔子纪年说》这样的文章，而且在报纸上采用了孔子纪年法。在张之洞眼里，弃传统的农历纪年法而用孔子纪年法，这不意味着改朝换代吗！就在上海强学会成立不久，北京强学会因为言语激进，被保守派弹劾，遭到慈禧太后的查封。张之洞可不愿抱着这么个自己控制不了的火药桶，于是借机下令关停了上海强学会和《强学报》，这让康有为更为不满，他发牢骚说："张之洞这也不让干，那也不让干，就是没有人弹劾，强学会也肯定得散伙！"

张之洞与康有为的关系由热变冷，无独有偶，他与维新派的另一位大将梁启超的关系也经历了由亲到疏的过程。说起来，梁启超的成长与张之洞还有些渊源，他很小的时候就读了《书目答问》，十分崇拜作者张之洞。张之洞任职两广时，在广东大办教育，作为广东学子，梁启超也是张之洞教育改革的受益者。梁启超还曾经给张之洞的幕僚汪康年写信，对张之洞一片溢美之词：张香帅，今世的大贤人啊！他的权位虽然不及王安石、张居正，但论才能，比这两位都高！用现在话来说，梁启超就是张之洞的"粉丝"啊。而张之洞对这位才华横溢的年轻人也很尊重，去信时以"卓老"（梁启超字卓如）相称。当时，梁启超是上海《时务报》的主笔，这《时务报》其实就是"变脸版"的《强学报》，幕后出资的还是张之洞。《时务报》宣传变法，介绍西学，深受读者欢迎，张之洞也称其为"中国创始第一种有益之报"，认为该报"识见正大，议论切要，足以增广见闻，激发志气"。为了支持《时务报》，张之洞居然动用行政手段在湖北搞起了摊派，来了个"官销时务报"，规定各级政府和部门、学校、厂矿企业必须订阅。湖北这么一搞，湖南、山西、安徽、浙江、江苏等省也都纷纷效仿，一时间，《时务报》成为当时影响最大的报纸。

光绪二十二年（1896）腊月十六，梁启超自广东返回上海，途经武汉，应邀前去拜见张之洞。与上次见到康有为时不同，此时，张之洞家里正逢侄子结婚的喜事。但张之洞却什么也不管，一门心思想着怎么接待梁启超。按照他的想法，他要打开总督府的中门、暖阁，并鸣放礼炮，以接待钦差大臣和外国使节的规格来接待梁启超！张之洞如此雷人的想法吓坏了他的幕僚，总督大人太不按常理出牌了！他们纷纷劝阻：梁启超只是一个20岁出头的小伙子，虽然很有名气，但并没有官职，这要是让别的官员知道了，非向朝廷告状不可！听了幕僚们的意见，张之洞想了想，也觉得自己有些头脑发热，也就不再坚持了。

当天，张之洞与梁启超聊到深夜，谈话中，张之洞提出，他想让梁启超来湖北工作，担任两湖时务院长，就在总督府办公，并许以年薪1200两银子的优厚待遇。按说这是一个多少人梦寐以求的就业机会啊！能够被朝廷重臣赏识，将来必定平步青云，况且还有大把大把银子可赚。换作别人受此器重和礼遇，早就感恩戴德，磕头致谢了，但梁启超却淡淡一笑，说道："上海那边真的离不开，这边当时也没有什么具体的事情可做，我还是回上海吧！"闻听此言，张之洞脸上立刻写满了掩饰不住的失望，而梁启超却很轻松。因为他本就不是官僚体制内的人，他也不愿受体制内的约束。更重要的是，梁启超非常清楚，他和张之洞，维新派与洋务派，根本就是两条铁轨上跑的火车，不可能并到一块去。虽然在变法措施上维新派与洋务派大致相同，但变法的宗旨和目的却完全不同。洋务派忙活了半天，变的只是"事"，根本不是他们自吹的"数千年未有之奇业"，而维新派追求的是西方资本主义的社会政治秩序，他们做的才是真正的"变法""变制""变政"，与洋务派竭力维护的封建朝纲水火不容。年轻的梁启超抱着这样远大的政治理想，当然不甘心受制于一心维护皇权的张之洞，入其麾下，供其驱使了。十余年后，梁启超回忆这段经历时说："其时鄙人之与文襄，殆如雇用者与资本家之关系。"这话说得有点赤裸裸，有点让人心寒，甚至让人暗暗地替张之洞叫屈。那没有实现的高规格接待，那一桌桌丰盛的酒席，那深夜还在继续的长谈，那此前近乎肉麻的吹捧……似乎都成了为阴谋服务的道具。但细思之下，也不得不承认，梁启超也没说错，只不过把隐藏在友情背后的阴暗人性真实地表现了出来。

两人之间的矛盾在梁启超回到上海之后很快显现，作为维新派的主要喉舌，梁启超继续在《时务报》上以犀利的文风批评时政，而且尺度越来越大，这让张之洞非常担心、恼怒：你梁启超不怕得罪人、不怕闯祸，你不是体制内的人，你无官一身轻，可谁都知道我张之洞和《时务报》的关系，万一朝廷怪罪下来，这个黑锅还不得我张之洞背吗？还有，报上还经常出现那些鼓吹"民权"的文章，我张之洞就认准了皇帝说了算，可谁都想说了算，那天下不乱套了吗？民权这东西，无一益而有百害。对了，你梁启超还大写孔子改制的文章，你这不是第二个康有为吗？这不是等于公开跟我叫板吗？就在前不久，你还直接冲我开了炮，说我在办军校时崇洋媚外，聘用外籍教官，让老外挣走了国家好多的钱。好，你抨击我，我忍了，可你千不该、万不该，你不该在文章中把慈禧太后比作暴君夏桀啊，这不是无法无天了吗？不行，是可忍孰不可忍，再由你这么折腾下去，非整得我脑袋搬家不可，这事我得管，必须得管！

张之洞心情不爽，梁启超也很郁闷：我是报纸的主笔，发什么稿子，说什么话，应该全由我决定。现在倒好，你张之洞的手也伸得太长了，动不动就想封杀我，还派人警告我不要被邪说迷惑，要迷途知返。唉，没想到你张之洞是这么个畏首畏尾、固执己见的人，算了，道不同不相为谋，我梁某人另择良枝，你张大帅另请高明吧！

光绪二十三年（1897）十月，梁启超离开《时务报》，接受黄遵宪的邀请，出任湖南时务学堂中文总教习。

尽管和康有为、梁启超等人的关系出现了裂缝，但张之洞并不打算和洋务派翻脸。在戊戌变法之前，张之洞对维新派的态度一直处于左右摇摆之中。其实，在当时形势难以判断、无法选边站队的情况下，左右摇摆也是一种态度。种种迹象表明，光绪帝已下定决心推行新法，而这样做，势必会遭到掌有朝廷实际权力的后党的抵制和打压。唯有在后党、帝党之间左右逢源，相机而动，才能保证自己目前的地位甚至可以更上层楼，至少，在出现意外的情况下，不至于殃及自身。果然，张之洞的政治智慧收到了实效，他的态度、身份、资历，让他成了后党、帝党同时倚重的红人。满朝文武皆知张之洞与慈禧太后关系不错，却不知光绪帝对他印象也蛮好。张之洞的所作所为，早就被光绪帝看在眼里，这简直就是一头任劳任怨又能力超强的老黄牛嘛！所以就在戊戌变法前，慈禧太后和光绪帝同时作出了一个重要的人事决定：召张之洞入京，入参军机，辅翊新政！由此可见，不论哪朝哪代，想干事、会干事、干成事的人终究不会吃亏！

然而，搅局的人出现了！张之洞还在赴任的路上，就接到了朝廷让他打道回府的诏令。按照朝廷的说法，是沙市发生了教案，让张之洞回去处理。这理由，张之洞打死也不会相信。他知道，自己被人算计了。至于是谁有这么大的能量，能让光绪帝改变主意，张之洞也能猜出个八九不离十。

算计张之洞的人，名叫翁同龢。

说到翁同龢，不得不提到他的显赫家世。他的老爸翁心存，曾经五任尚书，两度为相，官至体仁阁大学士，还当过同治皇帝的老师，简直就是一个官场牛人。除了不知道当皇帝啥滋味，其他的大官基本都过了把瘾。翁心存是个书痴，是中国历史上有名的藏书大家，家里有4万多册图书，其中有不少孤本、珍本和善本。守着这样一个老爹和知识宝库，翁同龢兄弟3人长大后也都很有出息。老大翁同书当过安徽巡抚，老二翁同爵当过陕西、湖北巡抚，后来代理过湖广总督。当然，在学问上、官职上不让其父的，当属老三翁同龢了。咸丰六年（1856），26岁的翁同龢高中状元，自此高起点地开启了为官之路，先后担任过户部和工部尚书、军机大臣兼总理各国事务衙门大臣。比他老爹更牛的是，他还是同治、光绪两位皇帝的老师！

按说翁同龢长期在朝为官，与封疆大吏张之洞并无多少交集，这张之洞怎么就得罪了他呢？

其实要论起张之洞与翁家的交情，翁同龢应该感谢张之洞才对。张之洞与翁同龢的侄子，也就是他大哥翁同书的儿子翁曾源是铁哥们，他俩是同科进士。同治二年（1863），张之洞中了探花，翁曾源中了状元。后来，翁同书因镇压捻军不力、弃城逃跑而被朝廷问责，罚他充军新疆，翁曾源一同前往。戴罪之人，别人避之唯恐不及，唯独张之洞不忘旧情，在父子上路之时含泪相送，并写诗相赠。

翁同龢这人很有学问，官也做得很大，但时人与后世对他的评价并不高，这和他心胸狭窄、猜忌心强、不容异己和睚眦必报的性格很有关系。翁同龢这人地位高，脾气大，与人交往，稍有不合，就拂袖而去，或者仗着位高权重，不管什么场合，劈头盖脸就是一顿呵斥，让人很下不来台。说白了，翁同龢就是一个他看别人"见谁烦谁"、别人见他"谁见谁烦"的主儿。

当然，翁同龢与张之洞结怨，还不是性格不合那么简单，最主要的原因是他们一开始就没走在一条路上。一个追随太后，一个辅佐皇帝，一个是立志革新的洋务派领袖，一个是顽固透顶的保守派核心，两人不和也在情理之中了。

翁同龢算计张之洞不是第一次了。张之洞被人称为"屠财"之人，花钱自然大手大脚，可钱从哪里来？他一个封疆大吏，不能总是从当地想办法解决吧？只有从中央财政多搞点钱，才是最体面、最有本事的方式。张之洞还在两广总督任上时，他的老朋友阎敬铭以东阁大学士的身份管理户部，对张之洞用款、报销非常照顾，而户部尚书正是翁同龢。翁同龢虽然对张之洞用款过多很不满意，但有阎老压着，他也不好多说什么。阎敬铭离职后，张之洞就没了好日子，翁同龢处处刁难于他，尤其让张之洞难堪的是，原先说好的由各省分摊偿还的900万两外债，户部下令，由广东自行偿还！没有钱，怎么开发治理广东？没有钱，怎么兴办洋务实业？张之洞被逼得实在没有办法，只好牺牲底线，冒着毁坏自己一生清誉的风险，开办"闱捐"赌彩筹集资金。

当然，张之洞可不是一般人想捏就捏的软柿子，在与翁同龢的交锋中，一点也没落下风。举一个例子，当时户部有一条潜规则，就是各省报销费用时，每报销100万两，户部要扣下4万两，扣下的钱用来补贴户部的大小官吏。张之洞以广东财政紧张为由，请求翁同龢网开一面，将扣款标准由4万两降为2万两。翁同龢坚决不同意。张之洞也不跟他废话，很快请出了一个大人物，这位大人物直接给翁同龢下令："两广用款要特别关照，就按报销100万两扣留2万两的标准执行！"这大人物一发话，翁同龢一点脾气也没有，只好乖乖地执行。这位大人物，就是醇亲王，光绪帝的亲爹。

让翁同龢更窝心的是，没过多久，朝廷又给他派来一位"太上皇"，让张之万以大学士的身份管理户部。朝廷此举，既是调和翁、张之间的矛盾，也是为了限制翁同龢专权。可翁同龢不这么想，走了一个阎敬铭，又来了一个张之万，何况这张之万是张之洞的族兄，一直罩着张之洞呢！这肯定是张之洞从中搞的鬼啊！翁同龢的心里又增添了对张之洞的不满。

说翁同龢心胸狭窄，公报私仇，还有一个事情要说一说。甲午海战，北洋水师全军覆没，原因之一是北洋水师自组建以来，7年时间里没有添置过任何军舰，没有军舰的原因是没有钱。没有钱的原因，一是太后挪用了600万海军经费修建颐和园，二是李鸿章1891年就申请通过的500万朝廷拨款，翁同龢一直扣着没给！

翁同龢为什么要和李鸿章过不去呢？事情还要从他大哥翁同书谈起。当年，翁同书被朝廷召回北京查办的时候，被两江总督、湘军首领曾国藩狠狠地参了一本，这道奏折写得非常有水平，让人看了以后恨不得把翁同书千刀万剐，朝廷也依奏判他死刑。后来因为其父翁心存一病不起，朝廷才放翁同书床前尽孝，待翁心存去世后又改判他充军新疆。这道差点要了翁同书命的奏折是以曾国藩的名义呈上去的，可实际上，这奏折是李鸿章代写的！这笔账，翁同龢也记在了李鸿章头上。甲午战败后，翁同龢还借机提议将李鸿章斩首，欲将其置于死地。翁同龢将个人恩怨凌驾于国家利益之上，实在是害人害己害国家啊！

这次皇帝下诏招张之洞进京，翁同龢知道后坐卧不安，张之洞人气正旺，入参军机后，定会对自己构成更大威胁，他可不愿意身边有这么个难对付的对手！

于是，在翁同龢的多次劝说之下，一向对师傅言听计从的光绪帝点了头。于是就找了这么个借口，把张之洞打发回去了。

我们不妨大胆假设一下，如果张之洞顺利到京赴任、主持新政，那"变法"最后的结果是什么呢？中国历史上还会有"百日维新"这种说法吗？当时的张之洞，被公认是"言新者领袖，既可弹压群伦，且能调和两宫"，诚如袁世凯对光绪帝所奏："变法尤在得人，必须有真正明达时务老成持重如张之洞者，赞襄主持，方可仰答圣意。"还有人推测说："张公入朝，其声望才德，足以制服康梁，断不至有八月之变。"但历史没有假设，时光不会倒流，每个人，无论是谁，都只能面对已经发生的、无法改变的现实。

翁同龢的阴谋得逞了，他心里美滋滋的，仿佛看到了张之洞垂头丧气回去的样子。但是，他没有想到，报应来得如此之快，他的政治生涯也走到了尽头。光绪二十四年（1898）四月二十七日，也就是光绪帝宣布推行新法的第四天，他被打发回老家了。

罢免翁同龢，大部分人说是慈禧太后的主意，这种说法顺理成章，慈禧太后抵制变法，必然想方设法削减维新派的力量。但也有人说光绪帝也同意了，一来是因为作为康有为的推荐者，翁同龢担心光绪帝与康有为交往过密，自己失宠，就向光绪帝进谗言，给光绪帝留下了出尔反尔的印象；二来是翁同龢以帝师自居，对光绪帝言语失礼。据说有一次翁同龢与光绪帝争吵，翁同龢竟拿起桌上的砚台掷过去，虽然没有砸到光绪帝，却溅了他一身墨汁。此说虽属孤证，但翁同龢对皇帝的傲慢无礼当是事实。

远在湖北的张之洞，正在为自己失去一次晋升的机会闷闷不乐。岁月不饶人，他已经 61 岁了，下一次机会还不知道要等到什么时候。听到翁同龢被罢免的消息，他心中的阴霾一扫而光，没想到这么快就有人替他出了这口恶气！但接下来听到的消息，又让他暗自庆幸，甚至有点感谢翁同龢的阻挠了。原来，就在翁同龢被开缺回籍的当天，慈禧太后又让荣禄接任直隶总督兼北洋大臣，执掌京城兵权。荣禄向来效忠慈禧，而且一直反对变法。"深知太后好恶"的张之洞看出了太后的心思，不禁心里一阵阵发凉，仿佛听到了遥远的储秀宫里霍霍磨刀之声。如果是自己主持新政，那等着挨宰的岂不是自己……张之洞不敢再想下去了。

2. 机智劝学，避祸趋利

看出了慈禧太后对于维新派的态度，张之洞觉得自己该表明一下立场了。在别人眼里，他对变法态度积极，而且资助过维新派的活动，与维新派有千丝万缕的关系。如果太后对维新派动手，他必定也是重点清洗的对象。就拿现在正受光绪帝之命具体实施变法的4位军机章京来说，杨锐是张之洞最得意、最信任的门生，刘光第是张之洞密令陈宝箴推荐的，林旭曾做过张之洞的幕僚。也就是说，除了谭嗣同之外，其余3人都是张之洞的心腹。对于这一客观存在的事实，人们可以作出两种解释，一是张之洞确实真心维护变法，不惜派出得力干将鼎力扶助。二是张之洞对维新派并不放心，3人都是他安插在光绪帝身边的卧底。别人怎么说是别人的事，张之洞觉得是时候抛出自己的"护身符"了，只要"护身符"一出，天下就都会知道他张之洞的心思。这道"护身符"，名为《劝学篇》，是张之洞亲撰的一篇4万多字的文章。

《劝学篇》分为内、外两篇。内篇务本，正人心，包括同心、教忠、明纲、宗经、正权、守约等9篇；外篇务通，开风气，包括益智、游学、设学、学制、阅报、变法、变科举、农工商学、兵学、矿学、铁路等15篇。《劝学篇》是张之洞一生学术思想的集中体现，贯穿其中的主要内容与核心思想就是"中学为体，西学为用"。

《劝学篇》以"会通中西，权衡新旧"为宗旨，一方面批评保守派抱残守缺，冥顽不化，不知变通，一方面指责维新派菲薄名教，"忘亲""忘圣"，一味追求新奇，不知固守根本。看似对保守派、维新派各打五十大板，但文章中张之洞大力宣扬爱国、忠君、卫道、专制、改革而不改制的思想，认为三纲五常是万世不易之本，再三强调要"保国、保教、保种"，其抵制维新派的变法运动和变法思想的目的性还是显而易见的。

《劝学篇》当年三月开写，七月进呈光绪帝，正是变法进入实质性阶段，新旧两派、帝后两党即将进行最后摊牌的关口。有人揣测《劝学篇》属临时起意，趋势编造，其实洋洋4万言，绝非一时之功，更重要的是，《劝学篇》表达的内容都是张之洞的一以贯之的政治主张，张之洞只不过是选择了一个合适的时机将它告知天下罢了。

《劝学篇》一出，立刻得到慈禧太后与光绪帝的充分肯定。光绪帝对《劝学篇》"详加批览"，认为这是一本"持论平正通达，于学术人心，大有裨益"的好书，要求各省"广为刊布，实力劝导"。在慈禧太后与光绪帝的联袂推荐下，晚清第一畅销书诞生了！《劝学篇》印刷发行200多万册，并被译成英、法文字行销海外。

"变法"还在进行中，形势变得越来越严峻。看着最近太后对自己态度的变化，光绪帝也分明感觉到了身边的异动，危险正一步步迫近。生性懦弱、手无兵权的皇帝十分慌乱，却在最后关头终于挺直了腰杆，他要依靠袁世凯的北洋军保护维新派，实现绝地反击。

可惜，他把宝错压在了袁世凯身上。善于见风使舵的袁世凯向慈禧密告了光绪帝的企图。慈禧心腹荣禄得知详情，心中大惊。他不敢怠慢，立即下令封锁北京，并向慈禧太后报告。慈禧太后万万没想到，光绪还有这个胆子，居然想诛杀荣禄、控制自己，这不是反了天了吗？你不仁，我不义，就莫怪我心狠手辣了！光绪二十四年（1898）八月初六，慈禧太后以迅雷不及掩耳之势发动了政变，将光绪帝囚禁于中南海的瀛台，并下令关闭城门，全城搜捕康有为、梁启超等人。康有为、梁启超在日本驻华使馆的帮助下逃往日本，而不愿逃走的谭嗣同、杨锐等人却均被捕获。八月十三日，谭嗣同、杨锐、刘光第、林旭、杨深秀、康广仁6人被斩杀于北京菜市口，轰轰烈烈的一场"变法"竟以如此惨烈的结局收场！

慈禧太后的宫廷政变，宣告了戊戌变法的失败，也让张之洞与维新派彻底打翻了友谊的小船，曾经的密友已成为不共戴天的仇敌。康有为、梁启超认为张之洞背叛了他们，在海外大肆发文攻击张之洞，而张之洞也多次要求日本方面帮助缉拿康、梁，查封两人在日本办的报纸，并将他们交给清政府处理或驱逐出境。

《劝学篇》让慈禧太后看到了张之洞的心迹，帮助张之洞顺利涉险过关。但是，面对戊戌六君子的罹难，他心里非常难受。这6人中，除了谭嗣同以及康有为的弟弟康广仁外，其余 4 人都是他的弟子、幕僚和亲信。特别是他非常看重的杨锐，他曾经托多人说情，设法营救，但终未能挽回学生性命。杨锐走到今天，固然是在实践他的理想与追求，而对张之洞来说，师生情谊之下，是否也有一种政治上的利用呢？

虽然政变取得了成功，慈禧太后可以再次光明正大地临朝训政，但她还是余怒难消。她下令通缉康有为、梁启超，并将支持变法的湖南巡抚陈宝箴、学政江标、按察使黄遵宪等一干官员全部罢免。这还不算，她又想起了被她打发回老家的翁同龢：哼，别以为你躲在家里就没有事了，身为帝师，你信口侈陈，任意怂恿，滥保非人，实在是居心险诈！看看你都把光绪教成什么样子了，竟做出如此忤逆之事！慈禧太后越想越气，下令将翁同龢革职，永不叙用，并由地方官严加管束，不准滋生事端。光绪三十年（1904）夏，翁同龢在郁郁寡欢之中与世长辞。临终前，他口占一绝："六十年中事，伤心到盖棺。不将两行泪，轻向汝曹弹。"想想翁同龢曾经的风光无限、颐指气使，再品味诗中那化不开的凄苦，不禁让人唏嘘不已。

3. 斩杀假帝，立止谣言

戊戌变法仅仅百日便告夭折，康有为、梁启超逃亡海外，六君子喋血街头，那光绪帝身在何处呢？一时间，中外舆论对这位一国之君的命运表现出超乎寻常的关心，都在打探着光绪帝的消息。老百姓也伸长了脖子，等着观看一场还没有失去悬念的大剧。

在这出大剧中，张之洞又一次出场。

光绪二十五年（1899）的一天，一老一少来到武昌，在金水闸附近租了一套公馆。少主人看上去20多岁，面目清秀，仆人看上去四五十岁，唇上无须，说话嗓音尖细，两人皆为京城口音。在满街熙熙攘攘的人群当中，这两个衣着华丽的外地人显得与众不同。两人入住公馆之后，平时是大门紧闭，深居简出，这更加激起了人们的好奇心。常常有人借故上门，寒暄观瞧，想摸清这两位是什么来头。

真是不看不知道，一看吓一跳，但见这少主人所用的茶碗上面刻着一条五爪金龙，手中所持一方玉印，依稀可见"御用之宝"4个篆字。再往旁边的寝室一看，被子上也绣着金龙。再看那老者，只要见了少者，均行跪拜大礼。人们不禁猜测，难不成这年少者就是被太后拿下的万岁爷？对这事有人相信，也有人怀疑，有几位见过光绪帝的也前去探看，发现那少主人身材面貌与光绪帝确有几分相像，还有人别有用心地请仆人洗浴，发现此人确实属于"一剪没"。

于是，光绪帝从瀛台逃到武昌的消息不胫而走。

一时间，两人租住的公馆门庭若市，大小官员纷纷拜见，献款献物者络绎不绝。对于所有钱财礼物，两人全部照单笑纳。

江夏知县陈树屏听到消息后，也急忙前去拜见，并问"皇上"为何幸临武昌。"皇上"对陈知县所问并不应答，只说见了张之洞才能透露。陈树屏不敢怠慢，立即如实向张之洞禀告。

眼皮子底下出现了"皇上"，张之洞焉能不知？他之所以没有采取行动，是因为他在等着北京的消息。他知道，上海和汉口的报纸都在编"张之洞保驾"的故事，说皇帝来武昌，是找张之洞图谋再举。这事关系到他的声誉，关系到他和太后的关系，他不可能任其发展。没多久，北京方面发来密电，"瀛台严禁如故，光绪仍幽禁其中"，张之洞这才放下心来，决定出手。

那主仆二人被张之洞拿下后，很快交代了实情。原来，"皇上"是个唱戏的旗人，曾多次到宫中演出，对于宫中礼仪非常熟悉，因长相与光绪帝有几分相像，还真有不少人称他为"皇上"。

真正出主意的是那个仆人，这还真是一个货真价实的太监。他利用自己在宫里管库的工作便利，偷了一些玉碗之类的宫中专用之物。这家伙知道光绪帝被囚禁在瀛台，与外界隔绝，天下人都不知底细，就动了冒充皇上行骗发财的念头。武昌是他们行骗的第一站，本来他们应该见好就收，早点逃之夭夭，只怪他们贪心不足，最终事情败露。

事实清楚，证据确凿，第二天，张之洞就下令将二人斩首。张之洞处理如此迅速，一来表明自己与假皇上毫无干系，二来也是借此立止谣言，帮助慈禧太后稳定局势。

4. 筹划互保，涉险过关

晚清之乱，接二连三。

甲午战争中中国战败，再次引起欧洲列强占领中国的野心，大量西方传教士进入中国，充当文化入侵中国的"急先锋"。特别是在华北地区，出现了众多的天主教、基督教教会组织。因为他们所传播的宗教教义与中国传统伦理道德格格不入，还有不少传教士依仗特权为非作歹，引起了当地老百姓的反感，两者之间常常发生冲突。当然，由于中国的老百姓从没见过如此长相的同类，对这些突然出现的弯鼻梁蓝眼睛的家伙带有天生的反感，所以也产生了盲目排外的情绪。于是，光绪二十六年（1900）前后，在山东、直隶一带，兴起了一个专门与洋教和洋教士为敌的民间组织——义和团。

在民族意识和爱国主义的激发下，义和团不断在各地制造教案，这让西方列强非常恼怒，强烈要求清政府严厉镇压。但是此时的慈禧太后，对待列强的态度已有所转变。原来，慈禧太后发动政变致戊戌变法流产之后，西方列强对这位顽固的贵妇人十分不满。在他们看来，光绪帝进行戊戌变法，是中国开放的一个积极信号，有利于他们扩大中国市场，所以他们要求慈禧太后释放光绪帝和维新派，继续进行维新变法。而慈禧太后也对列强频频插手中国内政心怀不满：就是你们帮助康有为、梁启超逃出了中国，就是你们反对我废黜光绪。你们占我土地，掠我钱财，还要骑在我老太婆的头上指手画脚。好，这一次，你们提出的事我不光不管，我还要利用义和团来对付你们！

在慈禧太后的默许甚至鼓励下，原本反清的义和团打出了"扶清灭洋"的旗号，集结人员向天津和北京进发，所到之处，他们烧教堂、杀教士、拆电线、毁铁路，掀起一股"灭洋"的浪潮。

看到清政府如此态度，光绪二十六年（1900）五月十四日，英、法、德、奥、意、日、俄、美8国决定联合出兵镇压义和团，而且他们提出，要派兵进驻北京，保护他们的使馆和人员。东交民巷是各国的使馆区，紧邻紫禁城，慈禧太后当然不愿意有太多的外国军队驻扎在那里，所以她只同意每个使馆进驻二三十名士兵。结果，列强一下子就派出了400多人，而且后续 2000 多人的部队也将前往北京。

进军北京的八国联军遭到了清军和义和团的抵抗，五月二十一日，八国联军攻陷大沽炮台。这期间，慈禧太后又得到一个消息，说八国联军进京就是为了逼她下台，归位于光绪，更让她十分恼怒。五月二十五日，她决定采纳端王载漪、庄王载勋、大学士徐桐等的意见，向列强宣战！

决定开战后，慈禧太后又命令各省督抚将境内的义和团"招集成团，借御外侮"，同时派军队配合义和团攻打各国驻华使馆。

面对朝廷的号令，一向对外主战的张之洞却表现得有点反常。自始至终，他站在慈禧太后的对立面，坚决主张镇压义和团，坚决不同意与列强开战。

在张之洞的官宦生涯里，曾多次处理过民众攻击教堂的事件，尽管张之洞都采取了镇压措施，但最终还得向洋教士道歉赔款，所以他认为民间攻击洋教士的行为十分不理智，给国家带来了麻烦，让国家既丢了面子，又赔了银子。在张之洞眼里，义和团就是一群无法无天的"乱民"，当他得知义和团在向北京进发的路上拆毁了一段铁路时，他既心疼又恼怒，他认为铁路又和教堂没关系，这不是借机闹事吗？于是立刻给荣禄发电，催促其迅速镇压，命令官军开枪轰击。

他治下的湖北虽然不是义和团运动的中心地区，

但也受到一些影响。张之洞对这类事件非常敏感，稍有风吹草动便立即采取强硬措施，以绝后患。黄陂县有人从外地带回了义和团的宣传品，还有人按照义和团的符箓咒语聚众操演。张之洞听说后，命令将符箓咒语和宣传品全部收缴，将带头首领押到武昌。他还派人去向每一位参与演练的人员做思想工作："不要相信什么刀枪不入，义和团搞的都是骗人的把戏，他们目无法纪，以反对教会的名义招惹外国人，实在是罪大恶极！"张之洞不仅防范义和团进入湖北，而且对利川、枣阳等地发生的反洋教斗争也迅速镇压。他向英国驻汉口领事保证，在他的辖区，绝对不会出现大规模的排外事件。他还致电南方各省督抚，告诫他们一定不要让义和团的势力传到南方，一旦发现苗头，就要立即采取措施，只要"诛戮数人"，就能把事态消灭在萌芽之中。

这次慈禧太后利用义和团与列强对垒，完全出乎张之洞的意料，他不知道一向惧畏列强的老佛爷哪里来的勇气和底气。张之洞并不是怕开战，而是他作为战争的亲历者和指挥者，深知这个国家对战争的承受能力。他清楚清军的战力，连一个小小的日本也打不过，也知道义和团的斤两，一群无组织无纪律、没有受过正规军事训练、没有先进武器的民众，真的是想靠邪术取胜吗？所以他的观点是"不战可以不亡"。他联系两江总督刘坤一一起给慈禧太后出主意：从古到今从没听说靠乱民横行来治理国家的，也没听说过一个国家同时和六七个国家的联军开战可以生存的，与其战败了割地赔款，丧权辱国，还不如趁早向八国赔礼道歉，请他们原谅并撤军。

但是，慈禧太后根本不为所动。

当时，和张之洞、刘坤一持相同态度的，还有两广总督李鸿章、山东巡抚袁世凯等人。慈禧太后做梦也没有想到，她倚重的这些封疆大吏们，居然集体抵制开战上谕，而且早就背着她频频与列强接触，酝酿着一个惊天计划！

东南各省大员都不愿对外开战，那列强又是什么态度呢？

当时，英国是插手中国南方事务最多的国家，占据着几乎整个长江流域，一旦开战，势必会影响其巨大的经济利益，而且也担心其他列强趁乱侵占他们的利益，因此，英国驻上海代理总领事华仑、英国驻汉口领事法磊斯分别致电刘坤一和张之洞，建议双方都向对方保证，共同采取措施，维持长江流域的和平。刘、张两人本来就无意开战，看到英国如此态度，自然也是满口应承。不过，对于英国军舰在长江上耀武扬威，张之洞担心会激怒中国民众，给自己"保护"英国利益造成困难。见张之洞有如此顾虑，英国方面立即要求海军舰队"避免任何示威"。

其他列强之中，法国也不想长江流域出乱子，在与英国的博弈中，他们早已不是对手，如果战后重新洗牌，他们担心连现在的利益也享受不到，甚至很可能连分享利益的机会都没有了。德国的势力范围在山东，义和团"闹事"，德国的损失最严重，所以德国也是各国之中镇压义和团最积极的，当然也是各国之中对"无意开战"最不积极的。但是后来他们也想通了，一旦长江流域生乱，他们也会遭受巨大损失，况且英国也要求他们不要轻举妄动，他们也要顾及英国人的面子。日本刚刚在甲午战争中战胜中国，他们也不想再参与战争，激起中国人更大的仇恨。俄国当时觊觎的目标是中国东北，其心思并不在此，所以当英国和德国达成维护南方和平共识的时候，他们也乐得做个顺水人情了。美国倒是想从中国捞好处，可当时他们在中国的势力还很小，只有跟在别人后面捡骨头啃的份，所以，他们什么也不说，别人怎么说就怎么办吧，只要还让他们继续跟在别人后面啃骨头就行。

经过各方多次接触，五月三十日，南方诸省代表与列强领事在上海进行谈判，最终达成了一个维护中国南方各省和平局面的协议，这就是所谓的"东南互保"。这个协议，既是张之洞、刘坤一等地方大员积极运作的结果，也是列强相互牵制、相互妥协的产物。

互保合约签订后，张之洞、刘坤一又分别致电其他省份督抚大员，串联各省参加"互保"。经串联，先后有广东、山东、浙江、福建、四川、陕西、河南等十几个省份加入其中。于是，中国出现了让人匪夷所思的一幕：同在中国境内，有的地方中国军民正与列强激烈交战，有的地方中国军民与列强相安无事；有的地方朝廷鼓励向外敌进击，有的地方官方坚决镇压敢于聚众骚扰租界和教堂者……

"东南互保"虽然让东南各省免受战火涂炭，却直接违背了朝廷对各国"宣战"的旨意，对于慈禧太后得知此事后的态度，张之洞、刘坤一心里也没底，所以在订立协议的当天，就一起电奏慈禧，表达自己的苦衷：就目前看，北方各省已同列强决裂，如果东南各省再遭列强蹂躏，那中国就没有一片净土了。到那时，就会弹尽粮绝，全局瓦解，无法收拾。只有稳住各国，或许可以保持领土完整。长江流域的各方利益以英国为大，各国早就想争利了，只是害怕英国而不敢动手罢了，而英国也考虑其他国家干预而不敢独占。我们正好可以抓住他们的心理让他们互相牵制。当然了，如果列强一定要刀兵相见，派大队兵舰来犯，如果真到了这种地步，我等受恩深重，有守土之责，自当尽力抵御，存亡与共。

在奏章中，张之洞巧妙地玩起了文字游戏，他将慈禧太后所要求的"各督抚互相劝勉，联络一气，共挽危局"进行阐说引申，采用移花接木之术，给"东南互保"涂上"奉旨行事"的油彩，极力为"东南互保"辩解"洗白"。

让人没想到的是，慈禧太后看了奏折之后，不仅没有责怪张之洞他们，而且称赞他们"度势量力，不欲轻构外衅，诚老成谋国之道"。这让张之洞多日来悬着的心终于放下了！也证实了张之洞对于慈禧太后态度的判断：这仗，太后其实不想打。

张之洞、刘坤一策划的"东南互保"可谓惊心动魄，这实在是一招险棋，按照封建时代的标准，张之洞他们的行为当属大逆不道，其罪当诛，但为什么最后峰回路转，出现戏剧性的一幕呢？这里面有多方面的原因。其实，张之洞他们之所以敢这么干，也是赌了一把。他们早就料到，慈禧作出开战决定，很快就会后悔，一来义和团难堪大用，二来老太太身上"钙质"还是少了些，她会回过头来与列强重新修好。而事实上，慈禧集团本来就没有打算与列强彻底决裂，只不过是借义和团来发泄一下对洋主子逼迫太甚的怨气而已。果然，宣战不到 10 天，她就后悔了，通过驻外公使给列强道歉，并承诺保护各国使馆，下令对义和团"痛加铲除"。光绪二十七年（1901）年初，慈禧由西安"回銮"返京前夕，发布《议和大纲》，竟无耻声称将"量中华之物力，结与国之欢心"。这实是没有底线的表白，说明清朝政府已沦为"洋人的朝廷"。

为了向列强示好，慈禧太后将当初主张对列强"宣战"的大臣或杀头或监禁或撤职，而对于筹划"东南互保"的张之洞、刘坤一等则大加表彰，两人分别赏加太子太保衔。直至张之洞去世后，清廷上谕仍褒奖他说："庚子之变，顾全大局，保障东南，厥功甚伟。"

5.镇压起义，抵制革命

由于张之洞采取了严密的防范措施，北方风起云涌的义和团运动并没有给湖北带来什么大的影响，"东南互保"条约的签订，也让他的治下一派和平景象，看起来，湖北形势平安稳定，张之洞可以高枕无忧了。但是，就在武昌，就在张之洞眼皮子底下，一支全副武装的队伍正蠢蠢欲动。领头的，是张之洞器重的学生——唐才常。

唐才常和谭嗣同一样，都是湖南浏阳人。唐才常曾经就读于两湖书院，在校时，他的学习成绩非常优秀，但又不读死书，乐于接受新生事物，喜欢研究经世之学，深为张之洞所欣赏，唐才常对张之洞也非常敬重。

毕业之后，唐才常专力研究各国的政治和外交，立志救国，走上了维新改革的道路，成为湖南维新派的骨干之一。戊戌变法期间，谭嗣同邀请唐才常进京参与变法政事，没想到他刚刚走到汉口，慈禧太后就发动了政变，唐才常担心遭到打击报复，于是逃往日本。在横滨，他见到了同样流亡日本的孙中山，从此，他的思想开始趋向孙中山的资产阶级革命派。其时，维新派已变成保皇派，意欲通过发动起义的方式推翻慈禧，扶立光绪归位。而孙中山也认为在义和团兴起、八国联军入侵、清政府内外交困之时，正是革命党人推翻清朝封建统治的大好时机，孙中山、康有为达成共识，准备以武汉为中心，在长江中游各省同时发动武装起义。那么，派谁回去组织暴动呢？革命派和保皇派都把目光盯在一个人身上，那就是思想介于两派之间的唐才常。

唐才常回国后，先是在上海成立正气会，不久又改为自立会，组建了自立军，购置武器，秘密训练，为起义作准备。

选择武汉作为起义中心，唐才常他们也经过了认真考虑。一来武汉是九省通衢，战略要地，一旦起义成功，就会产生很大影响。二来是因为长江流域属于英国人的势力范围，而英国人一向支持帝党。而且英国在武汉有租界，唐才常的总部就设在英租界内，这样，总比设在外面安全得多。三是湖广总督张之洞是唐才常的恩师，张之洞素有爱护门生弟子的声誉。更重要的是，前不久张之洞刚刚带头促成了"东南互保"，这是明显的抗旨行为，也让唐才常他们误以为张之洞即将背叛慈禧太后、转投帝党。

唐才常的一举一动，早就被张之洞看在眼里，但是他并没有干涉。张之洞正在执行"东南互保"的条约，不愿在他的辖区出现大的流血事件，所以不到紧急关头，他不想先出手。但他已经预感到事态的严重性，为了应对随时可能出现的紧急情况，他派人密切监视唐才常等人的行动，又新招募了2000名士兵，增强了防务力量，而且加大了长江流域重要位置的巡逻力度。

其实，张之洞之所以对唐才常的行动睁一只眼闭一只眼，也确有唐才常预料的那种心思，他密切关注着朝廷的态度和时局变化，以决定自己对于唐才常的态度。

光绪二十六年（1900）七月，八国联军攻入北京，慈禧太后等仓皇西逃。唐才常认为起义的时机已到，于是决定于七月十五日在湖北、湖南、安徽同时起义，他自己坐镇汉口，亲自指挥。可是，让他没有想到的是，虽然起义的时间已定，但康有为答应提供的起义经费却迟迟没有到位。没有起义经费，买不到足够的武器弹药，这让他不得不将起义的时间延后。但是，意外发生了，安徽方面没有接到起义时间延后的消息，他们按原定时间起义了！两江总督刘坤一立即派出大批军队前去镇压，自立军孤立无援，苦战3天后被清军击溃了。

安徽起义失败的消息传来，唐才常十分被动。朝廷已经加强了防范，若再拖下去，起义成功的概率还会降低，他仓促决定于七月二十九日在汉口、汉阳、武昌3镇同时起兵。按照唐才常的计划，自立军先攻占汉阳兵工厂，夺取枪支弹药，再围击湖北新军，控制张之洞和湖北巡抚于荫霖，然后自河南直捣西安，干掉慈禧，解救光绪。这是一个看上去很宏大的计划，甚至因为过于宏大，让人感到有一些纸上谈兵的虚妄。

密切关注时局的张之洞并没有发现列强逼慈禧退位扶光绪复位的任何迹象，况且，慈禧太后没有底线的表态，也让列强认为扶持一个傀儡政府要比自己直接出面统治中国更为有利。所以，大清还是太后说了算，太后的地位依旧无可替代。另外，张之洞也打探到了英国人的态度，务实的英国人认为，等待未来不如珍惜现在。现在的当局还在努力维持秩序，如果当局被推翻，英国人很可能会遭到暴民的攻击，何况，英国人并不看好新兴的革命党，认为他们自命不凡、目标飘渺、经验与能力令人怀疑。

至此，张之洞知道，自己无须再作两种准备，只有向慈禧太后示忠才是唯一正确的选择。所以，他果断出手了！

七月二十八日，在取得英国领事签字同意后，张之洞派兵包围了自立军总部以及自立军的另一处秘密据点，将唐才常、傅慈祥等自立军骨干20多人一网打尽。至此，孙中山与康有为合谋1年之久的起义计划宣告流产。

对于如何处置唐才常，张之洞与湖北巡抚于荫霖展开了激烈争论。张之洞认为，自立军还没来得及起义就被平息，没造成什么大的影响，所以主张从轻处理。实际上，张之洞是不忍心向自己的学生下手。不仅唐才常，傅慈祥也是他的学生。傅慈祥曾就读于湖北武备学堂，后被张之洞挑中，成为日本陆军士官学校的留学生。但是于荫霖态度强硬，非杀不可。那一天，张之洞的内心十分纠结，他既不愿意背上杀害学生的恶名，也不愿意让同僚抓住他庇护"反党"的把柄。最终张之洞作出了一个艰难的决定：杀！只有杀了他们才能向太后表明自己的立场，才能证明自己与自己的学生毫无瓜葛！就这样，唐才常、傅慈祥等人第二天就遭到杀害。事实证明，再深的情谊在政治利益的天平上也没有任何重量。

有一个细节颇能说明张之洞的心态。在禀报此事的奏折中，除首领唐才常不得不提到名字外，其余骨干都隐去了姓名。显然，张之洞是不想让太后知道自立军骨干与自己的师生关系。张之洞又发表《劝戒上海国会及出洋学生文》，广为散发，希望在思想上消除自立会对青年学生的影响。康有为曾不无讥讽地说张之洞的这种做法"其情可悯，其用心亦苦矣"。

自此之后，张之洞全力维护封建统治，视革命党人如洪水猛兽，不遗余力地抵制革命，以阻止清王朝的最终溃灭。当初他力倡游学，向日本派出大量留学生，所以革命党中两湖籍留学生为最多，这显然让他始料未及。对于与自己有瓜葛的学生，他极力划清界限。光绪二十九年（1903），湖北留日学生在东京创办《湖北学生界》杂志，鼓吹反清革命思想，张之洞闻听后非常生气，他要求湖北以后少派留学生，电令《湖北学生界》的主要撰稿人迅速回国，同时他还致电驻日公使，让他们对留学生严加管束，如果学生不听话，就停发学费，让他们回国。光绪三十年（1904），著名革命党人、湖南籍留日学生黄兴在他就读过的两湖书院发表革命演说，同时散发《革命军》《猛回头》等革命书刊数千册，张之洞认为这些宣传革命的书籍诬谤朝廷，搅扰和局，下令将黄兴驱逐出境，同时严厉查禁"逆书"。

张之洞扼杀自立军起义的时候，中国大地还在经受着八国联军的蹂躏。他们一边烧杀抢掠，一边钩心斗角，反复商量着如何从中国攫取最大利益。光绪二十六年（1900）十一月初三，他们订出了《议和大纲》12款，交给了清政府的议约全权大臣李鸿章。李鸿章全文电告慈禧太后，慈禧太后看到列强没有赶她下台的意思，居然大喜过望，全部应允。

慈禧的态度让李鸿章松了一口气，他终于可以不用担心来自朝廷的压力和诘问了，可是，他的老对手张之洞不干了。其时，张之洞是朝廷任命的议和会办大臣，可是李鸿章怕张之洞找麻烦，什么事也不告诉张之洞，而是直接报告慈禧太后。但张之洞很快知道了条约内容，他也不和李鸿章商量，同样直接向慈禧太后反映意见。其实，谁都知道大纲中的每一项条款对中国来说都不公平，谁也不愿接受。张之洞也清楚，改变大纲几无可能，他也是抱着能补救一点是一点、能挽回一点是一点的心态。比如大纲第五款禁止中国购运、制造军火，张之洞认为如果照办，中国就失去了护国御辱的能力，要求删去这一条。其时，李鸿章已经77岁了，成了一个真正的老人，却依旧为了这个满目疮痍的国家奔波操劳，当他看到朝廷转来的张之洞要求修改条约的意见时，心里憋屈得要命：张之洞啊张之洞，你怎么老和我过不去呢！《议和大纲》是和列强争吵数月商订的，怎么可能同意修改？你明明知道不能修改，还没事找事，陷我于不仁不义，这好人都让你当了，这骂名都让我背了！张之洞啊张之洞，你真是我李鸿章一辈子的"克星"啊！

李鸿章越想越气，也向朝廷告了张之洞一状：张之洞的意见都是臆断、偏见、挑字眼！张之洞远在湖北，掌握情况不及时、不周全，如果啥事都要和他商量的话，恐怕会误事，还是快让他闭嘴吧！这张总督为官多年，怎么还是一派书生意气，总喜欢在局外指手画脚呢？动动嘴皮子多容易啊，真是站着说话不腰疼啊！张之洞知道后，反唇相讥：我就是书生意气，书生意气怎么也比你中堂习气好多了！你什么事都不告诉我，我跟你交流简直比跟外国人交流还费劲！

尽管张之洞据理力争，试图改变条约的内容，但在当时的环境之下，张之洞的所作所为不可能有实质性的影响，只是给清政府和和李鸿章的全面投降施加了一些压力而已。

6. 入参军机，位极人臣

光绪三十三年（1907）八月初三，就在张之洞 70 周岁生日这天，他离开了苦心经营近 20 年的荆楚大地，赴调进京。从五月十一日开始到七月二十七日的两个多月里，朝廷接连给他公布了三个职务：协办大学士、大学士、军机大臣，足见慈禧太后对他的重视。若换作年轻时的张之洞，早就迫不及待地上任了。

张之洞迟迟不动身，是因为他内心很矛盾、很纠结。他舍不得离开脚下这片土地，他已经把这里当成了故乡，这里的一草一木、一山一水，都留下了他的足迹，凝聚着他的心血，看起来是那么亲切，那么让人留恋。在仕途上打拼了40多年，经历了大风大浪，见惯了世事浮沉，现在，他老了，京城对他已经没有多大的吸引力了。去北京可以收获更大的权力，但远不如他在湖北自由自在。此去，他将会面对一个危机重重的困局，会陷入一个更大的旋涡，既要面对"满汉畛域"的无奈境遇，也摆脱不了权臣之间的明争暗斗。如果让他选择，他情愿留在湖北，把没有干完的事情干完，然后于此终老。朝廷连下三道任命，同僚属下都道是三条喜讯，入阁拜相，位极人臣，这是成功人生的顶配啊！大家纷纷道贺，可在张之洞心里，这就是催他上路的三通催命鼓啊！

虽然磨磨蹭蹭，但张之洞知道，这一次他是躲不掉了。一来朝中确实无人，尤其是缺少能干大事的汉人，李鸿章和刘坤一已经去世，论名望、资历、学识和实绩，不选他又选谁呢？慈禧太后对他有知遇之恩，很多事情对他网开一面，比如自己在湖北这么多年，别的总督每年都要进京述职，可朝廷从没让他这样做过，这是多大的面子、多大的信任啊！如今正值朝廷用人之际，自己再继续推脱，万一惹怒了太后，好事变成坏事，自己麻烦就大了。二来张之洞也猜到了朝廷的另一个心思，现在，他是所有总督中在一个地方干得最久的，虽然他对朝廷忠心耿耿，并无半点私心杂念，但他知道，防范权臣是历朝统治者的一贯做法，何况之前自己还闹了一出"东南互保"，也难免让朝廷疑三惑四。

在清朝，军机处可是一个了不得的地方，那是辅佐皇帝处理军国大事的中枢权力机构。凡是能进入的，都是皇帝绝对信任之人。整个清朝，担任过军机大臣的人寥寥无几，而且大部分是满族亲贵，汉人能够进入军机处的更属凤毛麟角。

刚开始，朝廷安排张之洞分管学部，督办粤汉铁路。抓教育，修铁路，张之洞都是内行，朝廷如此分工，也算知人善任。光绪帝去世后，他又被任命为编修德宗实录总裁官。表面上看，如此分工有受皇族亲贵排挤之嫌，但张之洞乐得如此，远离了权力和是非斗争，他只管干好自己的分内工作就是了。这期间的张之洞，一反过去高调张扬的做事风格，变得谨言慎行，只是把多年来一直看不惯的"满汉畛域"问题，再次向慈禧太后直谏。其时，全国各族人民反清排满情绪高涨，而皇族亲贵排挤汉臣的行为也愈演愈烈，所以这一次太后没有斥责他"无知妄加揣测"，而是听取了他的建议，下令百官研究化解之法。随后，朝廷也采取了如取消满汉异法、允许满汉通婚等措施，意图化解尖锐的民族矛盾。

光绪三十四年十月二十二日（1908年11月15日），对于张之洞来说，是个非常伤心的日子。慈禧太后驾鹤西游了！不管别人怎样评价这个执掌中国近半个世纪、充满了传奇色彩的女性，张之洞始终对慈禧太后满怀钦佩和感激。若没有慈禧太后罩着他，他的仕途怎么会如此顺利，直到登上朝廷权臣的极峰呢？况且，就在几天前，慈禧太后还将他密召进宫，与他商量身后之事，决定授载沣为摄政王，立年仅2岁的溥仪为皇储。慈禧太后对他说："奕劻已经老了，载沣还年轻，你是三朝元老重臣，以后的国家大事，你要多多操劳。"听着太后的临终嘱托，感受着太后最后时刻的信任与倚重，张之洞禁不住老泪纵横。

让张之洞和所有人没有想到的是，就在太后辞世前一天，38岁的光绪皇帝，这位有其名却无实权的皇帝，死在了慈禧太后前面。这种时间上的巧合充满诡异，也让后世对他的死因多有疑虑和猜忌。

光绪和慈禧死后，25岁的载沣独揽大权。有权真好，可以干很多以前想干却干不了的事情。有了权的载沣决定杀一个人，这个人，他已经盯了好久了。

10年之前，正是这个人的出卖，才让光绪帝被囚禁，一生没有出头之日。也正是这个人，现在拥兵自重，太后一死，无人钳制，将成祸患。而且很多人在传说，光绪帝就是被他毒死的！这个人，就是袁世凯！

袁世凯和张之洞不同，总体上说，张之洞能到今天，靠的是实干，而袁世凯靠的是权谋。所以袁世凯这种人没有几个朋友，大家都不敢和他走得太近，担心不知什么时候就会被他咬上一口。载沣想杀袁世凯，没有几个人站出来给他说好话，关键时候，还是张之洞救了袁世凯一命。

从年龄和资历上看，张之洞都是袁世凯的前辈，说起来，张之洞对袁世凯也有提携之恩。早在光绪二十一年（1895），张之洞就在《吁请修备储才折》中，向朝廷举荐过袁世凯。而袁世凯也投桃报李，在张之洞第一次入参军机被翁同龢算计后，他又再次向朝廷举荐张之洞。在官场上，他们有过多次精彩的合作，两人一起促成了"东南互保"，各自训练出了全国顶尖的部队，联名上奏废除了科举制度……袁世凯曾经不无自得地说："当今天下能担当大事的，只有我和张之洞两人！"

其实从袁世凯这句话就能看出，张之洞和他不是一类人。其一，张之洞断不会说出如此骄矜之语；其二，就算张之洞说出来，也会谦虚地、客气地说"当今天下能担当大事的，只有袁世凯和我两人！"人家会讲究个先后顺序。说穿了，张之洞是个读书人，而袁世凯是个糙哥。

说起两人的交往，还有件很有意思的事。

光绪二十八年（1902）冬的一天，袁世凯从河南老家返回天津，专门绕道南京看望正第二次署理两江总督兼南洋大臣的张之洞。当时，袁世凯已是手握重兵、位高权重的直隶总督兼北洋大臣，两人一南一北，皆为朝廷重臣。对这位政坛新贵的来访，张之洞自然也是十分高兴，他大摆宴席，热情接待。酒足饭饱之后，两人意犹未尽，于是在屏风后面纵论天下大事。袁世凯谈兴正浓之时，对方却没了回应，原来张之洞靠在椅子上梦中神游了。袁世凯颇为扫兴，又不便惊醒张之洞，只好悄悄告退。按照规矩，像袁世凯这种级别的朝廷重臣临走时是要放礼炮欢送的。这礼炮一响，张之洞醒了，他自知失礼，赶忙追至门外，向袁世凯表达歉意，并说有时间自己会去府上拜访。

张之洞没有食言，1 年之后，也就是光绪二十九年（1903）年底，张之洞制订完《奏定学堂章程》由京回鄂途中，就去直隶总督府拜会袁世凯。名满天下的政坛常青树亲自登门，袁世凯自觉脸上有光，把他的北洋将领和手下全部叫上相陪。可是，让他尴尬的一幕又发生了，当他和他的属下纷纷举杯向张之洞敬酒的时候，张之洞竟然蹲在椅子上，猫着腰，睡着了！这让好面子的袁世凯顿时大为扫兴，认为张之洞没把他放在眼里，存心给他难堪，所以心里很不高兴。

张之洞与袁世凯的关系，不能用简单的"好"和"坏"来描述。他们的交往过程中，有恩情，也有过节，但现在，他们是军机处的同事，都是处于权力中心而受到满族亲贵集团疑忌与排挤的汉官。张之洞觉得，帮助袁世凯，其实也是帮自己。所以载沣征求他意见的时候，他说："太后和皇帝刚刚去世，小皇帝刚刚登基，朝廷现在杀大臣，很容易失去天下臣民之心啊！"载沣想了想，张之洞说得也有道理，便放下了杀心。当然，不杀袁世凯不等于放过了袁世凯，没过多久，载沣就以袁世凯患足疾腿脚不灵便影响工作为由，把袁世凯撵回了河南老家。

载沣年轻气盛，行事张狂。在很多事情上，尽管张之洞好言相劝，载沣却什么也听不进去，只管由着自己性子胡来，张之洞深为大清国的前途命运担忧，并说："今始知军机大臣不可为也。"此时，几十年仕途鞍马劳顿，他的身体再也吃不消了，严重的肝疾令他痛苦不堪，再也无法支撑。宣统元年（1909）六月初四，张之洞请休病假，从此一病不起。身体好的时候，张之洞到处奔走，忙于政务，而躺在病榻上的张之洞也没闲着，他把平时没有时间整理的诗作进行了整理，编成了《广雅堂诗集》一书。

时间一天天过去了，张之洞的病情却没有丝毫好转，他明白自己将不久于人世，于是给朝廷留下遗折，规劝朝廷在"国步维艰，外患日棘，民穷财尽，百废待兴"之时，要"满汉视为一体，内外必须兼筹，理财以养民为本，恪守祖宗永不加赋之规，教战以明耻为先"，相信"但能自强不息，终可转危为安"。他给子孙留下遗训："勿负国恩，勿堕家学，必明君子小人义利之辨，勿争财产，勿入下流。"

宣统元年（1909）八月二十一日，是张之洞的最后时光。这天，摄政王载沣前来探望。见到载沣，已病入膏肓的张之洞强打精神，他正盼着载沣来，好把这些天来想好的国家大事和他交代一下。张之洞希望载沣正视危机，力挽狂澜，可是载沣却无心听他唠叨，他只是例行公事一样对张之洞说："中堂公忠体国，有名望。好好保养。"说完就急匆匆地走了。看着摄政王越走越远的背影，这位还想再为大清国出言献策的老人倍感失望，他长叹一声，自言自语道："大清国的国运到头了。"

八月二十一日晚上，张之洞对家人说："吾无甚痛苦也。"说完，便与世长辞，终年72岁。张之洞去世第三天，朝廷下谕赐给"文襄"谥号。1910年，张之洞的灵柩由北京运回河北南皮，一代名臣魂归故里。

在晚清复杂污浊的官场上，张之洞廉洁奉公，忠国爱民，宵衣旰食，励精图治，办实业、修铁路、兴教育、御外侮、练新军，作出了一番轰轰烈烈、被历史铭记的丰功伟绩。20世纪中叶，毛泽东在论及中国近代工业发展史时还特别强调：讲到重工业，不能忘记张之洞。学界泰斗陈寅恪曾评价自己"平生为不古不今之学，思想囿于咸丰同治之世，议论近乎曾湘乡张南皮之间"，从中也可看出对张之洞的推崇。日本名臣伊藤博文更称张之洞为"中国第一能办事之人"……

斯人已逝，任人评说。

参考书目

1.《张之洞全集》，赵德馨主编，武汉出版社 2008 年版。

2.《张之洞评传》，冯天瑜、何晓明，南京大学出版社 1991 年版。

3.《张之洞大传》，马东玉，团结出版社 2008 年版。

4.《张之洞》，谢放，广东人民出版社 2010 年版。

5.《张之洞：中国现代工业践行者》，李玉，中国财政经济出版社 2014 年版。

6.《官场达人张之洞》，梁纪锋，辽宁教育出版社 2011 年版。

7.《中国近代史》，蒋廷黻著，徐卫东编，中华书局 2016 年版。

8.《晚清政治史》，王开玺，东方出版社 2016 年版。

9.《中国近代思想家文库·张之洞卷》，吴剑杰编，中国人民大学出版社 2014 年版。

10.《晚清文化地图》，傅军龙、李柏田、竹天润，团结出版社 2006 年版。

11.《晚清科举制的废除与新教育的兴起》，刘绍春，中国社会科学出版社 2015 年版。

12.《晚清大变局》，袁伟时，线装书局 2014 年版。

13.《劝学篇》，张之洞，广西师范大学出版社 2008 年版。

后　记

　　"一带一路"相关国家众多，代表性人物众多，为中外交好、民心相通作出杰出贡献的人士众多。因此，为"一带一路"璀璨群星立传，既使命光荣，又责任重大。在这项浩大工程的策划、组织、执行过程中，有许许多多的志士参加了有关传主的名单征集和审定，以及写作、翻译、审读、编辑、出版、筹资、联络等繁重而琐细的工作。所有参与的人员，以拳拳报国之心，尽深厚学养之力，克服了时间紧、任务重、要求高、压力大等诸多困难与挑战，最终圆满完成了任务。在本书付梓之际，丛书编委会特向参与本项目的全体同志致以崇高敬意和衷心感谢！

同时特别需要鸣谢的是，提出策划并领导实施此项目的中国传记文学学会会长王丽，基于长期法律实务经验和担任"一带一路服务机制"主席职务的便利，她对相关国家和走出去的"一带一路建设者"和广大青少年的需求了解真切，提出应当为他们写一套介绍各国典型人物的简明易读的传记，为他们提供健康的精神食粮。她把这项"额外"的工作当成了事业，不惜四处奔走筹集经费、苦口婆心招揽作者、精心挑选传主名录、夙夜青灯挥笔写作、近乎偏执逐字推敲、亲力亲为呕心沥血。面对如此浩大的出版项目和繁重的出版任务，中国出版集团华文出版社、中联部当代世界出版社、五洲传播出版社三家出版社携手毅然承担了出版任务，努力将该传系图书列入国家的重点出版工程，以高质量的编辑和装帧，确保了这套百卷丛书的国家级水平。在此，我们特向这三家出版社的相关领导和编辑致以崇高敬意和衷心感谢！

尤其让我们感动的是，在项目执行过程中，一些富有家国情怀的民间商会和企业家的慷慨解囊，虽不足以支撑项目的全部费用，但是他们所表现出的热心和支持，让我们坚定了走下去的信心和决心，特向他们的拳拳报国之心和慷慨无私帮助致以崇高敬意和衷心感谢！

一项伟大的事业，离不开许多默默无闻的奉献者。在本传系的组织、编写、出版过程中，有历史、文学、科研、外交、教育、法律、翻译、出版等领域的数百位专业人士参与，恕不能在此处一一详列。需要特别提出的是，鞠思佳、李华华、景峰等同志为组织联络、搜集资料到处奔波而毫无怨言，唐得阳、唐岫敏、白明亮、谭笑、曹越等同志在编写、翻译和编辑、校对过程中的细致与负责让我们感动，赵实、胡占凡、高明光、吴尚之、刘尚军、李岩、王灵桂、李永全、陈晓明、许正明、宋志军、包岩、丁云、关宏等同志睿智的指点和专业的帮助让我们避免了许多弯路。在此，我们特向以上各位同志致以崇高敬意和衷心感谢！

当然，由于我们水平所限，本丛书难免有某些不尽如人意和瑕疵之处，敬请学界专家和各位读者不吝赐教，我们将在作品再版之时吸收完善。在此，我们也向各位读者提前表示崇高敬意和深深感谢！

"一带一路"列国人物传系编委会
2023 年 3 月 28 日